Kriminalroman

Der Tote im Keller

und andere Kriminalfälle

Reinhard Rodner

Text: Reinhard Rodner
Bilder: XXX
Covergestaltung: Verlagshaus Schlosser
Umschlagabbildung: AdobeStock
Satz und Layout: Verlagshaus Schlosser
ISBN 978-3-7581-0080-2
Druck: Verlagsgruppe Verlagshaus Schlosser
D-85652 Pliening • www.schlosser-verlagshaus.de

Printed in Germany

Inhalt

Ich fand einmal ein Finkennest,
und in denselben lag ein Rest
von einem Kriminalroman,
Nun sieh mal an:
der Fink konnt lesen!
Kein Wunder, es ist ein Buchfink gewesen!

Spruch von Heinz Ehrhardt

Die Kripo

Sie sind so klug und haben Verstand,
und sind tätig für ihr Vaterland.
sie benötigen die Hilfe des Volkes in Bereitschaft,
so haben sie Mut und zur Lösung die Kraft.

Reinhard Rodner

Hinweis: Viele genannten Orte, Tatorte und Namen von Personen sind frei erfunden. Sollten Einrichtungen hier genannt worden sein ein, dann wurden diese nicht einbezogen. Zufällige Ähnlichkeiten sind nicht gewollt. Bestimmte Orte wurden ausgesucht.

Der Tote im Keller

In dem kleinen Kreisstädtchen Apolda im Neubaugebiet im Bereich der Kaufhalle Nord in einem Mehrfamilienhaus mit 18 Familien und insgesamt drei Eingängen, bemerkte der Familienvater Peter Grund, die im ersten Eingang wohnten, am 16. Mai 1989 etwa gegen 17.00 Uhr, es war ein Dienstag, in seinem Keller einen Einbruch. Seine Frau hatte ihn gebeten, aus dem Keller mehrere Obstkonservendosen zu holen, weil ihr ältester Sohn Fred am 17. Mai 30Jahre alt wird, und sie wollte ihm zu diesem Anlass einen Obstkuchen backen, den er so gern mochte.

Die Tür zum Keller war mittels Gewalt aufgebrochen, die Schubkästen und die Fächer standen offen.

Im Keller waren Küchengerätschaften abgelegt worden und dazu Werkzeuge, darunter Hämmer, Zangen, Schraubendreher, Nägel und Schrauben sowie eine elektrische Bohrmaschine, ein Akkuschrauber ein elektrischer Rasenmäher und ein Fuchsschwanz auch ein ausgedienter Fernsehapparat war da abgestellt und diverse Bretter und Hölzer.

Auf dem ersten Blick stellte er fest, dass von dem Werkzeug etwas fehlte und der Akkuschrauber lag auch nicht mehr da. In den Schrankfächern waren selbst eingeweckte Obstkonserven, selbsteingekochte Marmelade und verschiedene Gelees und gekaufte Konservendosen mit Mandarinen, Ananas und Aprikosen. Die Werkzeuge und Schrauben und Nägel waren in den Schubkästen gelagert.

Er hatte bereits durch die Medien erfahren, dass man bei solchen Feststellungen nichts anfassen soll und nicht nach eventuell gestohlenen Gegenständen suchen.

Er begab sich in die Wohnung in der 2. Etage, informierte kurz seine Ehefrau Christa und rief über 110 die Polizei an. Man versicherte ihm, die Polizei würde gleich Kommen und er möchte bitte den Kellerraum nicht betreten und nichts anfassen.

Nach etwa 15 Minuten erschien bei ihm der Oberleutnant der Kriminalpolizei Bernd Foit vom Einbruchskommissariat mit dem Einsatzfahrzeug „Wartburg 353“. Er hatte 2 Koffer bei sich. Er ließ sich sofort den Kellerraum zeigen. Aus einem der mitgebrachten Koffer entnahm er einen Fotoapparat und fertigte mehrere Bilder. Darunter eine Übersichtsaufnahme und eine Aufnahme von der aufgebrochenen Kellertür und des Innenraumes. Herr Foit sah sofort, die Tür war mit Hilfe von Werkzeugen aufgebrochen worden. Vermutlich mit einem Schraubendreher oder mit einem sogenannten Kuhfuss (Nageleisen).

Aus dem zweiten Koffer entnahm er sein Spurensicherungsbesteck, indem Magnesiumpulver, Rußpulver, ein feiner Pinsel, Klebeband, Silikon, eine Schere, ein Reagenzglas für lose Spurenteile oder angetrocknetes Blut u.ä. und mehrere Folien waren, die er benötigte, um aufgefundene Spuren für die kriminalistische Auswertung zu sichern.

Herr Foit pinselte dann mit dem Magnesiumpulver die Tür ab und erkannte auf diesen Spuren, es waren keine Abdrücke von Finger- oder Händen zu finden. Die Spuren, die durch das Abpinseln sichtbar wurden, mussten nach seiner Meinung von Handschuhen sein, die der oder die Täter getragen haben. Denn die Abdrücke, die er vorgefunden hatte, ähnelten den typischen Merkmalen von Rind – oder Schweineleder. Bei der Spurensuche an den Schubfächern und Türen der einzelnen Fächer des Schrankes kamen auch genau solche Spuren zum Vorschein. Es erwies sich, dass diese Teilabdrücke verschieden waren. Seine Erkenntnis daraus war, es muss sich vermutlich um zwei Täter handeln oder der Täter trug verschiedene Handschuhe. Des Weiteren hatte er mit einer Taschenlampe zuvor den Boden des Kellers abgeleuchtet und dabei im Lichtstrahl der Taschenlampe erkannt, dass hier auch ein Teilabdruck einer Schuhspur unmittelbar vor dem Schrank zu erkennen war.

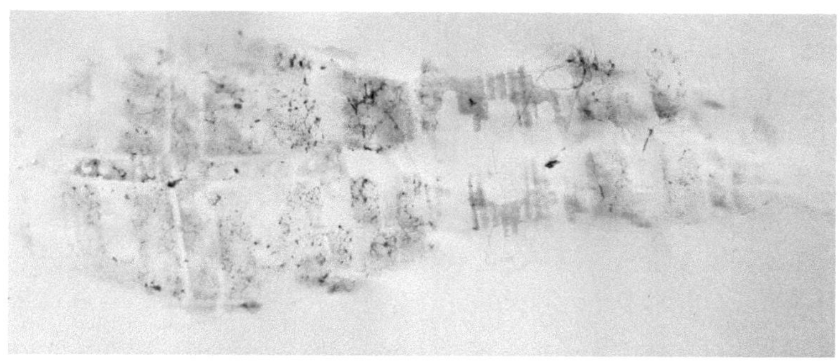

Schuhabdruck im Keller der Familie Grund

Er hatte schon beim Betreten des Kellers gesehen, dass der Kellerraum sehr sauber und ordentlich vor dem Einbruch aufgeräumt gewesen sein musste. So kam er zu dem Schluss, diese Spuren mussten von einem der Täter sein.

Mit Hilfe der mitgebrachten Folien sicherte er die Schuhabdruckspur und danach auch die Spuren von den vermeintlichen Lederhandschuhen. Mithilfe von Silikon konnte er auch die Werkzeugspur vom Einbruchswerkzeug abnehmen und war sich bei der Besichtigung völlig sicher, dass die Tür mit einem breiten Schraubendreher, Stemmeisen oder mit einem Kuhfuß aufgebrochen worden war. In der Kellertür war ein Buntbartschloss. Er baute dieses aus und nahm das Schloss auseinander. Im Schlüsselkreis innen erkannte er Kratzspuren. Daraus schloss er, der oder die Täter hatten zuerst versucht, die Tür mit einem Sperrhaken zu öffnen, was Misslungen war. Von den Kratzspuren im Schlüsselkreis des Buntbartschlosses fertigte er ein Foto als Nachweis, dass hier ein Nachschlüsselwerkzeug angewendet wurde. Als Nachschlüssel kann ein Sperrhaken, ein Dittrich oder ein Buntbartschlüssel verwendet worden sein oder einfach nur ein krumm gebogener Schraubendreher. Danach befragte er den Herrn Grund, ob er selbst mal versucht hatte, mit einem Nachschlüsselwerkzeug die Tür zu öffnen. Des

Weiteren wollte er von ihm wissen, was für Schuhe er hat und welche er bei der Feststellung des Einbruchs getragen hat und ob er selbst manchmal Handschuhe trug, wenn er im Keller war.

Er wollte von Herrn Grund wissen, ob er irgendetwas angefasst hat, als er die aufgebrochene Kellertür vorfand. Herr Grund gab an, er habe keine Schuhe mit solchen Sohlenmuster und er trägt auch keine Handschuhe, wenn er in den Keller geht, auch nicht bei den Arbeiten, die er im Keller verrichtet und habe nichts angefasst, habe jedoch kurz durch die offene Tür in den Innenraum seines Kellers geschaut.

Natürlich wollte der Kriminalist von Herrn Grund auch wissen, wann er oder andere Familienmitglieder das letzte Mal im Keller waren und da schon bemerkte, ob jemand versucht hatte in den Keller zu kommen, auch das konnte er verneinen. Herr Grund konnte für die Familie aussagen, er war am Sonntag, den 14. Mai im Keller um Dessert für den Mittagstisch zu holen, das soll gegen 11.45 Uhr gewesen sei. Des Weiteren fragte er ihn auch, was der Grund war, heute in den Keller zu gehen. Dazu gab Herr Grund an, er habe für seine Frau Obstkonserven holen sollen für einen Kuchen, den sie backen wollte. Nach dieser Aufgabe wollte er nochmal in den Keller gehen, um eine Säge, Brettchen und Nägel zu holen, weil er einen Nistkasten bauen wollte, für die Vögel in seinem Garten. Dazu kam er aber nicht mehr. Damit war dem Oberleutnant Foit klar, die Tatzeit war somit vom Sonntag, den 14. Mai ab 11.45 Uhr bis zum Dienstag, den 16. Mai 1989 gegen 17.00 Uhr. Er gestattete den Herrn Grund dann den Keller aufzuräumen und zu sichern. Was dieser auch sogleich tat. Er konnte danach sagen, es fehlte im Keller eine Bohrmaschine, ein Akkuschrauber und ein neuer Rasenmäher. Alle Geräte waren vom Betrieb „Smalkalda“ aus Schmalkalden.

Bereits am nächsten Tag kam zur Familie Grund der Leutnant Frank Baier mit einem grauen Trabaant 601, ein Kollege des Oberleutnant

Foit, und wollte alle Schuhe und die Lederhandschuhe von ihm, der Ehefrau und des Sohnes sehen. Er konnte keine Schuhe finden, die den gesicherten Teilabdruck der Schuhspur ähnelte. Er bat, alle vorgelegten Lederhandschuhe mitnehmen zu dürfen für einen Vergleich mit den gesicherten Spuren. Dazu gab die Familie ihr Einverständnis. Herr Baier hat danach alle Hausbewohner, auch die der benachbarten Eingänge befragt, ob sie Feststellungen zum Einbruch gemacht hatten. Desweiteren wollte er wissen, wer alles im Hause wohnhaft ist und wo diese Hausbewohner zur fraglichen Tatzeit waren. Darüber fertigte er sich Aufzeichnungen. Leider hatte keiner etwas gesehen und auch nichts gehört. Bei den Kriminalisten kam natürlich der Gedanke auf, der Einbruch kann nur von Jemanden begangen worden sein, der in unmittelbarer Nähe des Tatortes wohnhaft ist.

Am Freitag, den 19.05. berief der Leiter des Einbruchskommissariats Hauptmann Michael Suess eine Dienstversammlung ein und die Mitarbeiter, darunter auch seine Sekretärin Frau Meister der K Karin Berger, sollten ihre Erkenntnisse zur Aufklärung des Einbruchs darlegen.

Dabei kam zur Sprache, vor etwa 2 Jahren hatte es schon mal eine Reihe von Kellereinbrüchen gegeben. Damals war der Täter ermittelt worden und er habe eine Freiheitsstrafe von 2 Jahren vom Gericht ausgesprochen bekommen und war auch in dem Gefängnis. Somit legte der Kommissariatsleiter fest, der Leutnant Baier habe zu überprüfen, ob der damalige Täter seine Freiheitsstrafe beendet habe und wo er sich jetzt aufhält. Oberleutnant Foit sollte Kontakt zur Kriminaltechnik aufnehmen, um zu erfahren, ob die gesicherten Spuren auswertbar sind und welche Schlussfolgerungen daraus gezogen werden könnten. Er konnte in Erfahrung bringen bei den Kollegen der Kriminaltechnik, die gesicherten Werkzeugspuren waren tatsächlich von einem Schraubendreher, der am Ende ca. 0,8 cm breit war und von einem Nageleisen. Bei den Handschuhspuren handelte es sich in beiden Fällen eindeutig um Rindslederhandschuhe, die Farbe konnte nicht bestimmt werden. Bei dem Sohlenmuster konnten die Angaben nicht präzisiert werden, aber sie mussten von einem Sportschuh sein. Bei dem Nageleisen handelte es sich um ein Rundeisen, welches am Endstück ca. 2,8 cm breit und geteilt war, das Ende war abgeflacht, so dass man damit eingeschlagene oder krumme Nägel herausziehen konnte.

Herr Foit sollte Herrn Grund einbestellen zwecks Aufnahme der Anzeige. Die Anzeige wurde wegen Diebstahl gemäß § 177 StGB aufgenommen. Das wurde mit Herrn Grund für Samstag, den 20. Mai für 09.00 Uhr vereinbart. An diesem Samstag war Herr Foit als Kriminaldauerdienst (K.-Dauerdienst) eingesetzt. Oberleutnant. Foit war verheiratet und wohnte in einem Neubau im Bereich der Jenaerstraße. Er hatte mit seiner Frau Beate 2 Kinder, einen Jungen und ein Mädchen. Sie wusste, er hatte den K.-Dauerdienst und der Dienst ging bei ihm über alles, es passte ihr nicht so recht, es war schönes Wetter und sie wäre so gern mit den Kindern und dem Ehemann in die Herressener Promenade spazieren gegangen. Es nützte nichts, er musste zum Dienst. Natürlich war er pünktlich in der Polizeidienststelle und Herr Grund war bereits anwesend. Er belehrte Herrn Grund auf seine Pflicht zur wahrheitsgemäßen Aussage und fertigte dann mit dem Anzeigeerstatter die Anzeige wegen des Diebstahls der Werkzeuge im Wert von ca. 500,00 Mark der DDR. Auch hierbei konnte Herr Grund keine neuen Hinweise zum Tatgeschehen geben.

Frau Christa Grund war für Montag, den 22.05. um 14.00 Uhr bestellt, sie sollte durch Frau Meister der K Karin Berger als Zeugin zur Sache vernommen werden. Hier konnte Frau Grund keine anderen Hinweise geben, als sie bereits bei der Befragung durch Herrn Foit ausgesagt hatte. Sohn Fred wurde ebenfalls als Zeuge gehört und konnte keine Hinweise geben. Herr Oberleutnant Foit fertigte noch den Tatortbefundsbericht, den Bildbericht und den Spurensicherungsbericht an. Herr Leutnant Baier hatte ein Protokoll zu fertigen über die Befragung der Hausbewohner im Mehrfamilienhaus, der Eingänge eins und zwei. Diese erbrachten ja keine Hinweise, aber er konnte eine Aufstellung über alle Bewohner im Hause fertigen. Im dritten Stock hatte er Niemanden erreicht. Herr Baier war ebenfalls verheiratet, 26 Jahre alt und hatte mit seiner Frau noch keine Kinder. Seine Frau Lea war Sekretärin in einem Strickereibetrieb in Apolda.

Die Überprüfung der Kellereinbrüche aus dem Jahre 1986 ergab, der damalige Täter hieß Udo Maier und hatte seine 2jährige Freiheitsstrafe abgesessen. Er wurde nach Wackerstedt entlassen, ein Ort mit ca. 3500 Einwohnern, war aber dort nicht angekommen. Damit war sein derzeitiger Aufenthalt nicht bekannt und es wurde eine Information an die anderen Dienstbereiche der Polizeidienststelle gegeben zwecks Feststellung des Udo Maier.

Am Montag, den 05. Juni gegen 17.30 Uhr wurde die Kriminalpolizei über Notruf informiert, im dritten Eingang desgleichen Mehrfamilienhauses wurde ebenfalls ein Kellereinbruch durch den Hausbewohner Bert Carius festgestellt. Der Anrufer war zugleich auch der Besitzer des aufgebrochenen Kellers. Diesmal fuhren Oberleutnant Foit und Leutnant Baier zusammen zum Tatort. Herr Carius wartete vor dem Hauseingang auf die Kriminalisten. Er nahm Beide mit zu seinem Keller. Er befand sich im zweiten Kellergang in der Mitte auf der linken Seite. Herr Carius konnte den beiden Kriminalisten sagen, er habe die aufgebrochene Kellertür gesehen, nichts weiter angefasst und auch den Keller nicht betreten. Während Herr Foit noch Herrn Carius befragte vor allem nach dem möglichen Tatzeitraum, konnte Herr Carius erklären, das letzte Mal war er am Samstag, den 03.06. gegen 18.00 Uhr im Keller. In der Zwischenzeit nahm Herr Baier die Spurensuche auf. Er hatte auch an diesem Tag den K.-Dienst. Schon bei der Besichtigung des Tatortes sah er vor der offenen Kellertür im Kellergang lag ein Schraubendreher mit rotem Griff, an dem Blut zu erkennen war. An der aufgebrochenen Kellertür war ein kleiner Blutfleck in Höhe des eingebauten Sicherheitszylinderschlosses. Vermutlich hatte sich der

Täter beim Aufbrechen der Kellertür mit dem Schraubendreher verletzt. Er nahm zuerst die fotografische Sicherung des Tatortes vor. Er konnte eindeutig erkennen, die gewaltsame Öffnung der Kellertür wies die gleiche Arbeitsweise des oder der Täter auf, wie bei dem Keller der Familie Grund. Nach der Lage der Werkzeugspuren an der Tür und an der Zarge durch das gewaltsame aufbrechen war eindeutig zu erkennen, es wurde mit Schraubendreher und mit einem Nageleisen durch den oder die Täter gearbeitet. Die gefundenen Spuren im Bereich des Zylinderschlosses und der Zarge wurden mit Silikon gesichert. Die Blutspur an der Tür konnte er mit einem Wattestäbchen aufnehmen. Bei der Absuche der Tür nach Spuren, entdeckte er wieder solche Spuren mit Hinweisen auf Handschuhe. Der Schraubendreher, der vor der Kellertür lag, wurde sehr sorgfältig gesichert, damit keine Fremdspuren darankamen. Zuerst nahm man vom Griff eine Geruchsprobe ab und sicherte diese in einem dafür vorgesehenen sterilen Glas, welches sofort unter Verschluss kam. Dann erst wurde von dem Schraubendreher das Blut gesichert und dann nach Fingerabdrücken abgesucht. Das wurde für den Fall getan, der Täter wird ermittelt, da würde man Beweise für die Tat vorlegen müssen und seine Schuld nachweisen. Hier könnte ein Suchhund die sterile Geruchsprobe erschnüffeln und kann dann bei mehreren ihm vorgestellten verdächtigen Personen, denjenigen heraussuchen, der zu dieser Geruchsprobe passt. Den Schraubendreher packte man ebenfalls ein, um die vorgefundenen Spuren an der Tür vergleichen zu können. Vermutlich hatte sich der Täter bei dem gewaltsamen Öffnen der Tür verletzt und den Schraubendreher weggeworfen und dann doch das Nageleisen verwendet. Im Keller stand noch ein Gefrierschrank, an dem er auch nach Spuren suchte, aber keine vollwertigen Spuren fand, es waren viele überlagerte Fingerspuren, die alle eindeutig von den Berechtigten stammten. Ihnen waren alle diese Fingerabdrücke für Vergleichszwecke abgenommen worden. Auch bei den Handschuhspuren war zu erkennen, es waren vermutlich zwei Täter, die gemeinsam handelten. Im Kellerraum stand ein Schrank mit zwei Schubfächern und vier Türfächer. Alle standen offen, auch hier ergab die weitere Spurensuche keine neuen Erkenntnisse. Im Gang zu diesem Keller war nochmal ein Teilabdruck einer Schuhsohle erkennbar, die nur fotografisch gesichert werden konnte. Nachdem Leutnant Baier die Spurensuche beendet hatte, ließ Oberleutnant Foit den Geschädigten den Kellerraum besichtigen. Er sollte feststellen, ob irgendwelche Gegenstände abhandengekommen waren. Nach kurzer Besichtigung teilte er mit, er vermisse einen elektrischen Bohrhammer, der auf dem Schrank gelegen habe und eine Rohr– und eine Kombizange, Wert des Diebesgutes schätzte er mit dem Schaden an der Tür, dem Schloss und an der Zarge auf gesamt 600,00 Mark. Weiter konnte er nichts erkennen, er müsste erst mit seiner Frau und seiner Tochter sprechen, die auch in dem Keller Gegenstände einlagerten. Dazu rief er seine Frau Bärbel und die Tochter Elke herunter.

Beide waren sehr erschüttert, als sie ihren Keller sahen. Die Frauen hatten verschiedene Lebensmittel in diesem Keller gelagert wie Mehl, Zucker und auch andere Backzutaten. Im Gefrierschrank war alles noch vorhanden. Herr und Frau Carius wurden für den Dienstag, den 06.06./ um 15.00 Uhr aufs Kommissariat bestellt zwecks Anzeigenaufnahme bzw. Zeugenvernehmung. Die Anzeige war wegen Verdacht eines verbrecherischen Diebstahls zum Nachteil des persönlichen Eigentums gemäß § 181 StGB aufgenommen worden. Zur Begründung wurde angegeben, die Tat wurde nach dem Spurenaufkommen von mehreren Tätern gemeinschaftlich begangen, sie handelten mit großer Intensität und im Wiederholungsfall. Das bestätigte auch die Auswertung der Spuren. Diese Anzeige und die gefertigten Protokolle wurden zu der Anzeige genommen vom Peter Grund. Ein Ermittlungsverfahren gegen Unbekannt wurde zu beiden Einbrüchen eingeleitet, Das bisherige Spurenaufkommen führte zu der Erkenntnis, beide Einbrüche wurden von den gleichen Tätern begangen.

Leutnant Baier hat noch an diesem Abend seinen Tatortbericht und den Spurensicherungsbericht gefertigt. Durch die Kriminaltechnik wurde eindeutig ausgesagt, die Handschuhspuren entsprechen den gesicherten Spuren vom ersten Tatort und sind Handschuhabdrücke, die aus Rinderleder sind. Die Blutspuren ergaben in beiden Fällen die Blutgruppe A. (von der Tür und vom Schraubendreher). die mit Fotos gesicherte Schuhspur, auf der nur einzelne Teile der Sohle zu erkennen waren, wies gleiche Merkmale auf wie die Spur zum Tatort bei der Familie Grund. Tochter Elke wurde auch gleich am Montag, den 05.06. befragt und konnte keine Angaben machen. Die Ehefrau wurde als Zeugin vernommen, sie war einen Tag vorher gegen 15.00 Uhr ebenfalls im Keller und hatte die defekte Kaffeemaschine abgestellt, die auch nach der Tat noch vorhanden war. Von allen Beteiligten, Anzeigeerstatter, seine Ehefrau und von der Tochter wurden für den Fall aller Fälle die Fingerabdrücke für Vergleichszwecke genommen. Die Tochter Elke wurde trotzdem am nächsten Tag einbestellt und wurde als Zeugin vernommen. Man hoffte, eventuell doch neue Hinweise zu erhalten.

Die in Frage kommende Tatzeit war vom Samstag, den 03.06. gegen 18.00 Uhr bis zum Montag, den 05.06. gegen 17.30 Uhr. Die Spuren wurden sofort an die Kriminaltechnik weitergeleitet. Durch die Auswertung dieser Spuren war klar, sie waren alle von den Berechtigten (Familie Carius).

Oberleutnant Foit war noch am Tatort geblieben, im Bereich des dritten Eingangs befragte er alle fünf Familien zu etwaigen Feststellungen zum Tatgeschehen. Auch hier war die Mühe vergebens, keiner hatte was gesehen und niemand hatte etwas davon gehört. In der dritten. Etage traf er dann doch eine 76jährige Frau Schleyer, an, die stark gehbehindert war. Sie gab an, es habe bei ihr etwa am 03.06. gegen 19.00 Uhr geklingelt, sie habe den elektrischen Türöffner betätigt, es sei aber niemand zu ihr gekommen.

Im Kommissariat legte Hauptmann Suess fest, die Anzeigen der beiden Straftaten sollten in einem Verfahren gemeinsam bearbeitet werden und es wurde ein Ermittlungsverfahren gegen Unbekannt nach § 98 StPO eingeleitet wegen Verbrecherischen Diebstahl. Am Dienstag wurde eine Dienstversammlung vom Chef Herrn Suess einberufen, die beiden Mitarbeiter Foit und Baier und die Kollegin Berger sollten im weiten Umfeld Ermittlungen tätigen. Besonders, ob die Bürger auffällige Personen gesehen haben, die das Mehrfamilienhaus beobachtet oder betreten haben. Ob Fahrzeuge, speziell PKW, auffällig mit fremden Kennzeichen in der Straße parkten und die Fahrer oder Beifahrer das Auto nicht verlassen haben. Oder Personen beobachteten, die Taschen oder Werkzeuge mit sich führten bzw. auch gesehen haben, wie solche Personen in die Häuser gelangten. Auch eine nochmalige Befragung der Hausbewohner ergab, die Täter mussten in den oberen Etagen geklingelt haben. Diese haben den elektrischen Öffner bedient und sich nicht weiter darum bekümmert. Das wurde ja von der Frau Schleyer auch so in einem Fall ausgesagt. Es war aber nicht sicher, dass es die Täter waren, die Frau hatte nicht aus dem Fenster geschaut und nachgefragt.

Zu einer weiteren Dienstbesprechung wurden die Leiter der Schutz – und der Verkehrspolizei mit eingeladen. Ihnen wurden alle Details der beiden Einbrüche bekannt gegeben und eine Fahndung nach unbekannten Tätern eingeleitet, aber auch nach dem Udo Maier. Es war seltsam, in Wackerstedt, wohin er entlassen wurde, hatte Niemand den Udo Maier je gesehen. Auch die ihm zugewiesene Wohnung hat er nicht in Anspruch genommen, die Schlüssel zur Wohnung hatte er beim Bürgermeister Jakob nicht geholt. Die Kollegen in dem Betrieb, indem er arbeiten sollte, hatten ihn auch nicht zu Gesicht bekommen.

Bei dieser Dienstbesprechung wurde darauf hingewiesen, die Täter trugen vermutlich eine Art von Sportschuhen. Einer muss sich an der Hand verletzt haben und trägt vermutlich einen Verband und hat die Blutgruppe A. Beide trugen zur Tatbegehung Lederhandschuhe, die zu dieser Jahreszeit nicht mehr üblich sind. Sie haben möglicherweise in der Öffentlichkeit welche getragen. Für eventuelles Diebesgut führen sie bestimmt auch Taschen oder andere Behältnisse bei sich. Der Vorschlag von Oberleutnant Foit, man solle doch auch in der Presse oder im Hörfunk um Hinweise bitten, lehnte Hauptmann Suess mit der Begründung ab, man gebe nur den Tätern Hinweise was man über sie bereits wisse und würde die Bevölkerung beunruhigen. Er erteilte der Kriminalmeisterin Berger den Auftrag, in Ankaufsgeschäften nachzufragen, ob solches Diebesgut dort zum Verkauf angeboten wurde oder auch angekauft wurde. Im letzteren Fall, könnte man an die Adressen der Verkäufer kommen. Doch das führte ebenfalls zu keinen neuen Erkenntnissen. Leutnant Baier erhielt den Auftrag in dem Krankenhaus, in der Poliklinik und bei Ärzten nachzufragen, ob sich Personen mit Schnitt - oder Stichwunden, oder auch Quetschwunden bei ihnen zur Behandlung gemeldet hätten. Nachdem Leutnant Baier aus dem Telefonbuch sich die Anschriften besorgt hatte, benötigte er immer noch 2 volle Diensttage, um alle anzutreffen und abzufragen. Auch hier ergaben sich keine Hinweise. Aus den vorliegenden Akten zu den Kellereinbrüchen von 1986, die von dem Udo Maier begangen worden waren, ergaben sich Erkenntnisse zu seiner Arbeitsweise bei den Einbrüchen. Herr Maier war 1986- 23 Jahre alt,1,85 m groß, hellblaue Augen, schlanke Figur, blondes langes Haar mit Mittelscheitel, trug überwiegend dunkle Bekleidung und Sportschuhe.

Zum Aufbrechen der Keller benutzte er damals überwiegend ein Stemmeisen und entwendete vorwiegend elektrische Geräte und Werkzeuge. Das damalige Täterfoto wurde vervielfältigt und zur Grundlage der Fahndungsmaßnahmen nach ihm genommen.

Am Montag, den 19. Juni 1989 rief Frau Brigitte Anhalt gegen 15.45 Uhr über Notruf im Polizeirevier an und teilte mit, sie habe einen toten Mann vor ihrem Keller gefunden. Ihre Anschrift wurde abgefragt.

Es war in der gleichen Straße, auch ein Mehrfamilienhaus. im zweiten Eingang. Das Haus ist ein Nebengebäude von den beiden ersten Tatorten. Ihr wurde mitgeteilt, bitte nichts verändern am Tatort, nichts anfassen und nicht dort umherlaufen. Sofort wurde die Mordkommission verständigt, die nach 20 min am Ereignisort eintraf. Die Anruferin erwartete die beiden Mitarbeiter der Mordkommission Hauptmann Elmar Schuster und Hauptmann Winfried Haubold vor ihrer Haustür. Sie kamen mit einem gelben Lada. Sie führte Beide gleich in den Kellergang, der zu ihrem Keller führte. Hier waren links und rechts sogenannte Kellerboxen, sie waren etwa 3 x 3 Meter groß. Schon beim Betreten des Kellerganges sahen sie fast am Ende des Ganges eine Person auf dem Betonfußboden liegen. Sofort rief Hauptmann Schuster bei der Gerichtsmedizin und forderte einen Leichenschauarzt an, der auch bald danach eintraf. Erst als man bei der Leiche war, sah man auch, dass die Kellertür offenstand und aufgebrochen war. Nachdem der Gerichtsmediziner den Tod des Mannes festgestellt hatte und auch informierte, er sei mit einem spitzen Gegenstand im Bereich der Herzgegend zu tote gekommen, nahm er von dem Toten die Temperatur und kontrollierte auch die Umgebungstemperatur im Keller und des Betonfußbodens und konnte daraus abschätzen, der Tot ist möglicherweise vor ca.15 - 18 Stunden eingetreten. Somit war die Tatzeit zwischen 22.00 und 01.00 Uhr. Danach durchsuchte man die Leiche nach Ausweispapieren, Geldbörse oder Bargeld und nach sonstigen Unterlagen, die möglicherweise Auskunft zu der Person geben könnten. Man fand bei dem Toten keinerlei dieser Dinge oder Gegenstände. An beiden Händen hatte er schwarze Lederhandschuhe, der linke wies im Bereich des Daumens ein Loch auf. Somit musste man von dem Auffinden eines unbekannten Toten ausgehen. Da der Keller aufgebrochen war, rief man die Kriminalisten des Einbruchskommissariats, die auch sehr schnell zur Stelle waren. Während das Bestattungsunternehmen Gundermann die Leiche abgeholt hatte und zur Gerichtsmedizin brachte, haben die

Kriminalisten der Mordkommission in den Hauseingängen die Einwohner zu irgendwelchen Feststellungen oder Hinweisen befragt.

Die Ermittler vom Einbruchskommissariat nahmen sofort die Tatortuntersuchung zum aufgebrochenen Keller auf. Sie fanden vor der Kellertür einen blutverschmierten Schraubendreher. Hier wurde festgestellt, der Täter hatte vermutlich zuerst mit einem Schraubendreher versucht die Eingangstür zum Keller aufzubrechen und sich dabei verletzt. Das scheint nicht gelungen zu sein, denn es wurde dann vermutlich ein Nageleisen benutzt. Mit Hilfe von Silikon wurden die Werkzeugspuren gesichert. Außer der aufgebrochenen Tür konnten die Besitzer des Kellers Familie Anhalt nicht feststellen, ob etwas gestohlen wurde. Den Wert des Schadens bezifferten sie auf etwa 250,00 Mark. Bei der Spurensuche wurden wiederum Spuren von zwei verschiedenen Lederhandschuhen gesichert, eine an der aufgebrochenen Tür und die andere im Innern des Kellers am Schrank. An dem blutverschmierten Schraubendreher wurde eine Geruchsspur vermutet und eine Geruchskonserve angefertigt und nach Spuren gesucht, jedoch waren es keine auswertbaren Spuren. Bei der Untersuchung des Toten am 21.06. in der Gerichtsmedizin kam der Leichenschau haltende Arzt zu folgendem Ergebnis: Männliche Leiche etwa 21 Jahre alt und 1,70 m groß, schlank, schwarzes, langes strähniges Haar und hatte dunkle Augen. Bekleidet mit Kapuzenanorak, schwarzer Jogginghose (vermutlich vom Vietnamesen markt), schwarzes T-Shirt ohne Aufschrift, Sportschuhe mit Wellenprofil, dunkles Unterhemd und dunkle kurze Unterhose. Er hatte an den Händen schwarze Rindslederhandschuhe, im linken war oberhalb des Daumens ein Loch. Man sah, nachdem die Handschuhe ausgezogen wurden, er hatte in der linken Hand eine Verletzung, die mit Heftpflaster überklebt war. An beiden Händen hatte er einen Ausschlag, vermutlich durch Verätzung oder ähnlichem.

Im Bereich der Brust und an den Oberarmen fand man blutunterlaufene Flecke, die auf einen Kampf oder Streit mit Handgreiflichkeiten hindeuteten. 2cm unter der linken Brustwarze war ein Einstich. Die Öffnung war 1 cm und rund. Der Einstichkanal war 7 cm tief und verlief leicht schräg zum Herzen und traf das Herz. Der Gerichtsmediziner gab an, der gesicherte mit Blut verschmierte Schraubendreher ist das Tatwerkzeug. Der Tod soll kurz nach dem Stich ins Herz eingetreten sein. Aus seiner Sicht war der Täter Rechtshänder und mindestens so groß wie der Tote oder etwas größer. Die Blutgruppe des Toten war A.

Das passte mit dem Ergebnis der Tatortuntersuchung zusammen. Der aufgebrochene Keller befand sich auf der linken Seite des Kellergängen. Somit hat der Mittäter den Kellerraum mit dem Schraubendreher öffnen wollen und das nicht sofort geschafft, so das der andere Täter mit ihm darüber in Streit geriet und es zu einer Art Kampf gekommen ist, hier hat er diesen Angriff mit dem Schraubendreher abwehren wollen und dabei zugestoßen und den Anderen so getroffen, dass er daran verstorben ist.

Der Leiter der Mordkommission Major Karl Heinz Bauer trug dem Polizeichef das Ergebnis der Untersuchung und der Ermittlungen vor und schlug die Bildung einer Sonderkommission vor zur Aufklärung dieser strafbaren Handlungen. Man sollte aus den beiden Kommissariaten Mord - und Einbruchskommission diese SOKO bilden unter Leitung des Hauptmann Schuster. Der Leiter der Polizeidienststelle Oberst Gustav Henkel begrüßte den Vorschlag und ordnete an, die SOKO sollte mit Oberleutnant Foit, der Kriminalmeisterin Berger, dem Hauptmann Haubold und 2 Schutzpolizisten besetzt werden und sofort ihre Arbeit aufnehmen. Dies erfolgte am nächsten Tag, den Freitag, den 23.06.1989. Major Bauer sollte die Tätigkeit der Kommission überwachen und leiten. Herr Haubold fertigte eine Anzeige wegen Mordverdacht nach § 112 StGB an, da der Verdacht besteht, dass der aufgefundene Tote vorsätzlich getötet wurde. Das eingeleitete Ermittlungsverfahren gegen Unbekannt wurde nun auf § 112 StGB wegen

Verdacht des Mordes erweitert. Die Unterlagen zur Untersuchung der aufgebrochenen Kellertür fertigte Oberleutnant Foit an.

Die Mitglieder der Sonderkommission trafen sich im Beratungsraum der Polizei – Dienststelle. Hier wurden erst mal alle bisherigen Erkenntnisse aus den drei Kelleraufbrüchen und den Untersuchungsergebnissen der Gerichtsmedizin allen Mitarbeitern zur Kenntnis gegeben. Zu der Beratung, die wahrscheinlich längere Zeit in Anspruch nehmen würde, gab die Kantine Kaffee und belegte Brötchen auf Bestellung des Oberst Henkel aus. In die polizeilichen Maßnahmen sollten alle Bereiche der Polizei und der Feuerwehr einbezogen werden. Da es zu dem Toten keinerlei Hinweise gab, um wem es sich handelte, wurde beschlossen ein aufbereitetes Foto vom Toten zu veröffentlichen.

Was dann auch gleich am Montag, den 26.06. in der örtlichen Presse veröffentlicht wurde.

Es kamen sehr viele Hinweise aus der Bevölkerung, denen allen nachgegangen wurde und viel Zeit in Anspruch nahm. Es gab Personen, die diese Beiden zusammen gesehen haben wollten, sie wurden als Zeugen vernommen, aber es ergaben sich ebenfalls keine Hinweise auf die vermutlichen Täter. Es kamen auch keine Hinweise auf die tote Person, angeblich kannte sie Keiner. Krankenhäuser und Hausärzte erhielten Fotos von dem gesuchten Udo Maier, es war ein Täterfoto von 1986 und von dem unbekannten Toten. Man wollte ja die Identität des Toten dadurch feststellen.

Die Untersuchung des Schraubendrehers ergab eindeutig, es war das Mordwerkzeug. Der vorgefundene Schraubendreher entsprach einer der gesicherten Silikonspuren an den Türen und den Zargen der aufgebrochenen Keller.

In einer erneuten Dienstbesprechung wurde beschlossen, Frau Berger sollte alte Akten durchsehen nach einschlägig vorbestraften Personen und Nachbarkreise und Bezirke dabei einbeziehen. Frau Berger brachte den Gedanken ein, es sollten ja an Hand der Spuren zwei Täter gewesen sein, einer von ihnen, der Tote, hatte doch die Blutgruppe A. Was wäre, wenn der gesuchte Mörder doch der Udo Maier sei und gemeinsam mit dem unbekannten Toten die Einbrüche begangen habe und Beide sich bei dem dritten Einbruch nicht mehr zum Vorgehen am Tatobjekt einigen konnten. Dann in Streit gerieten, sich gegenseitig stießen und es dabei so eskalierte, dass derjenige, welcher die Kellertür aufgehebelt hatte, mit dem Tatwerkzeug zustach. Ohne zu bemerken, was er angerichtet hatte, hat er noch mit dem Nageleisen die Kellertür aufgebrochen und war auch im Keller am Schrank. Erst als er sich nach seinem Kumpan umdrehte bemerkte er, sein Kumpel rührt sich nicht mehr. Er habe sofort die Flucht ergriffen und den Schraubendreher vor Schreck fallen lassen.

Man hatte auch bei den Tatortuntersuchungen feststellen können, alle Keller waren gegen Sicht von außen gut abgesichert. Es konnte keiner wissen, was in den Kellerräumen lagerte. Die Täter kannten somit die Örtlichkeiten nicht und ahnden nur, dass es in diesen Kellern was zu holen gab. Der Zugang zu den Häusern und Kellern wurde dem oder den Tätern relativ leicht gemacht. Sie klingelten bei Personen in den oberen Etagen. Es öffneten welche die Haustür ohne nachzufragen, wer da um Einlass bat.

In den Neubauten der 70 Jahre waren fast überall die Keller nur mit Zaunlatten abgeteilt. Einige wenige Bewohner hatten ihre Keller mit Hartholzplatten bzw. Spanplatten gegen Einsicht gesichert und richtige Türen eingesetzt. Somit war klar, der oder die Täter haben sich die Keller ausgesucht, die nicht einsehbar waren. Trotzdem wurde vermutet, die Täter könnten eventuell auch sie gewesen sein.

Die Geschädigten hatten solche Einbrüche in ihren Kellern möglicherweise festgestellt, aber da nur geringfügiger Schaden entstanden war, hatten sie keine Information an die Polizei gegeben und keine Anzeigen erstattet. Deswegen wies Hauptmann Schuster an, es sollten in den Neubauten alle Bewohner dazu abgefragt werden und zu den

Bildern des unbekannten Toten und des Udo Maier. Heraus kam dabei, es waren noch weitere fünf Bewohner, deren Keller in den letzten drei Monaten aufgebrochen wurden. Leutnant Baier erhielt den Auftrag sich diese Kellerräume genau anzusehen und hier nach Spuren zu suchen. Man wollte sicher gehen, die gesuchten Täter haben auch hier diese Keller aufgebrochen oder nicht. Leider war in den Kellern sauber gemacht und aufgeräumt worden. Er fand keine Spuren, außer die von den berechtigten Familienangehörigen. Es waren Kellerräume, die nicht gegen Einsicht geschützt waren und sie waren mit einfachen Vorhängeschlössern gesichert und diese waren aufgebrochen bzw. nachgeschlossen worden. Es wurde überwiegend Alkohol und Konserven entwendet.

Währenddessen fahndeten die übrigen Kräfte, vor allem der Schutz - und der Verkehrspolizei nach den gesuchten Tätern. Es wurden verschiedene Hinweise gegeben.

Die Polizisten wurden auf einen Mann aufmerksam gemacht, der seit langem keiner Arbeit nachging. Er hätte es sich trotzdem leisten können, einen anderen jungen Mann, der auch keiner Arbeit nachgehen soll, einen neuen PKW „Wolga" zu schenken. Diesem Hinweis wurde sofort nachgegangen, da die Möglichkeit bestand, sie könnten in diese Einbrüche verstrickt sein. So zum Beispiel als Hehler oder Verkäufer des Diebesgutes. Im Ergebnis kam aber heraus, der ältere der Beiden ging zwar keiner geregelten Arbeit nach, er bot sich aber Betrieben und Privatpersonen an, ihre Briketts in die Keller zu schaffen. Er wollte dafür kein Geld, bekam aber meistens mehr, als er verdient hatte. Da er sehr sparsam lebt, rauchte nicht und trank auch keinen Alkohol, hatte er im Laufe der Jahre viel Geld erspart, welches er selbst nicht verbrauchen konnte. Es ging sogar soweit, er klebte sogar das Papiergeld an seine Fensterscheiben. Der jüngere Mann hatte sich etwas um ihn gekümmert, deshalb schenkte er ihm den PKW. Gegen Beide hatte der Staatsanwalt nach § 98 StPO ff. ein Ermittlungsverfahren eingeleitet und das wurde nach Hausdurchsuchung und Ergebnissen der Vernehmungen wieder nach § 141 StPO ff eingestellt, da klar war, sie waren nicht die Täter.

Es waren gerade vier Wochen vergangen, da meldete sich der Bürger Sven Schmidt am Sonntag, den 20. August 1990 um 10.45 Uhr über Notruf 110 und teilte mit, er habe seinen Kellerraum im Haus in der Gustav-Berger-Str. 63 aufgebrochen vorgefunden. Ihm wurde mitgeteilt, er soll den Keller nicht betreten, nichts anfassen und auf die Polizei warten, die sofort kommen wird. Hauptmann Haubold und Oberleutnant Foit fuhren sofort zum Tatort, man nahm an, es könnte der gesuchte Täter wieder gewesen sein. Es war zu vermuten, es ergeben sich weitere Hinweise auf ihn und vermutlichen Mörder. Sie wurden vor dem Haus von Herrn Schmidt erwartet, der sehr aufgeregt erschien. Er teilte mit, er habe seinen Keller erst nach dem Presseveröffentlichungen dicht gemacht und nun das. Der Ereignisort war auch ein Mehrfamilienhaus und befand sich unweit der bisherigen Tatorte. Her Schmidt führte die beiden Kriminalisten zu seinem Keller und bestätigte noch, er habe den Keller nicht betreten und habe auch nichts angefasst oder verändert. Herr Haubold befragte Herrn Schmidt und erfuhr, die mögliche Tatzeit war vom Samstag, den 19.August gegen 18.00 Uhr bis zum Montag, den 20. August um 10,40 Uhr. Zu der Zeit wollte er in den Keller, um eine Zange zu holen, da er ein elektrisches Kabel trennen wollte, indem ein Defekt vorlag. Am Samstag, war er ebenfalls um 18.00 Uhr letztmalig im Keller, um dieses Kabel zu holen, das benötigte seine Frau zum Anschluss für das Bügeleisen, sie wollte Bügeln. Da das nicht funktionierte, vermutete er einen Kabelbruch. Deswegen war er heute in den Keller gegangen. Herr Foit nahm die Untersuchung des Tatortes vor. Gleich beim ersten Blick erkannte er, die Tür war mit Hilfe von Werkzeug aufgebrochen. Nachdem er mit Silikon diese Spur sicherte, konnte man erkennen, sie wurde mit einem Nageleisen gewaltsam geöffnet. Beim Suchen nach Spuren an der Tür fand er auch wieder Hinweise auf die Verwendung von Handschuhen beim Einbruch. Die Spuren wurden mit Silikon bzw. mit den Folien aus seinem Spurensicherungsbesteck gesichert. In der Tür war ein Einsteckschloss mit einem Schließzylinder. Durch das gewaltsame aufbrechen, war der Schlossriegel leicht verbogen und das Schloss ließ sich nicht mehr schließen.

Die Befragungen der übrigen Familienmitglieder und der Hausbewohner, auch die in den Nebeneingängen, ergaben nichts. Nach Befragen zum möglichen Diebesgut konnte die Familie Schmidt sagen, es fehle der neue Staubsauger der Marke „Omega", ein älteres tragbares Fernsehgerät und verschiedenes Werkzeug. Genaues dazu war nicht möglich. Nur eine Frau Gertrud Schäfer im 2. Stock, sagte aus, es habe bei ihr gegen 23.10 Uhr geklingelt, sie habe den Türöffner betätigt, habe aber niemanden kommen gehört oder gesehen. Sie gab zu, dass sie nicht nachgesehen hatte. Es konnte ja ein Hausbewohner sein, der seinen Schlüssel nicht bei sich hatte.

Nach Auswertungen aller Aussagen und des Spurenaufkommens wurde eingeschätzt, diese Tat passt zu den bisherigen Kellerdiebstählen und wurde somit dem eingeleiteten Ermittlungsverfahren gegen Unbekannt zugeordnet. Auch über dieses erneute Verbrechen wurden alle Dienstbereiche der Dienststelle informiert und die Information an die Presse weitergeleitet. Man erhoffte sich Hinweise zum Täter, aber auch, die Aufmerksamkeit der Bürger zu schärfen.

Genau nach drei Wochen rief am Sonntag, den 17. September um 11.04 Uhr eine Frau Ingrid Schellenberg ganz aufgeregt die Polizei über den Polizei - Notruf 110 an und teilte mit, ihr Ehemann liege vor dem aufgebrochenen Keller im Gang ihres Hauses in der Karl-Haber-Str. 26 und rühre sich nicht mehr. Umgehend fuhren Hauptmann Schuster, Hauptmann Haubold, Oberleutnant Foit und Leutnant

Baier zum Ort des Geschehens. Frau Schellenberg empfing die Kriminalisten vor dem Haus und weinte ganz stark und bebte am ganzen Körper. Sie brachte kein Wort mehr heraus. Hauptmann Schuster hatte gleich nach dem Notrufeingang einen Gerichtsmediziner angefordert, der zusammen mit den Kriminalisten am Ereignisort eintraf. Bevor der Tatort begutachtet werden konnte, sah man i Kellergang mit Blut hinterlassene Schuhspuren. Der Gerichtsmediziner hat die am Boden liegende Person auf Lebenszeichen überprüft und musste bei Hinzutreten darauf achten, dass er nicht die auf dem Boden befindlichen Spuren vernichtete. Er sagte, nachdem er der Person den Puls gefühlt hatte, sie ist tot und nahm die Leichenschau vor. Unter dem Kopf des Toten war eine kleine Blutlache und er hatte auf dem Kopf eine Platzwunde von einem Schlag mit einem Gegenstand auf den Kopf. Bevor der Tatort weiter betreten werden konnte, fertigte Herr Baier Fotos von der Schuhspuren, die mit Blut verwischt waren und wandte sich der Spurensuche und -sicherung zu. Der Bestatter wurde verständigt und brachte die Leiche des Herrn Schellenberg in die Gerichtsmedizin nach Jena. Leutnant Baier hatte von dem Blut Proben entnommen. Danach nahm er sich die Kellertür vor. Hier waren die typischen Werkzeugspuren an der Zarge und an der Tür erkennbar und wieder ein Teilabdruck von einem Handschuh, die er sicherte als Nachweis.

In der Zwischenzeit unterhielt sich Hauptmann Schuster mit der Ehefrau. Sie erzählte ihm, ihr Mann wollte gegen 10.40 Uhr aus dem Keller eine Flasche Wein holen, die sie zum Mittagessen trinken wollten. Da er nicht wiederkam begab sie sich etwa 15 bis 20 min später in den Keller, um nachzuschauen. Sie fand hier ihren Ehemann auf dem Boden liegend und er antwortete ihr nicht. Dabei sah sie das Blut im Bereich des Kopfes. Nebenbei habe sie den Offen stehenden Keller bemerkt und sei gleich in die Wohnung, um die Polizei anzurufen. Hauptmann Haubold hatte sich auf die Befragung der Hausmitbewohner und der Nachbarn konzentriert. Oberleutnant Foit unterstützte ihn dabei und sie teilten sich in die Häusereingänge auf. Leider konnten sie keine verwertbaren Hinweise zum Tatgeschehen bzw. zum möglichen Täter erhalten.

Frau Meister Karin Berger hatte in der Strafvollzugsanstalt in Stonna nachgefragt, es wurde bestätigt, der Udo Maier habe seine zwei Jahre Freiheitsstrafe voll in der Strafvollzugsanstalt verbracht. Seine Mithäftlinge waren Paul Rüdiger aus Hirmsdorf in Thüringen, Heiko Walther aus Gotha, ein Theo Ladwig aus Naumburg und der Gerd Lohmaier aus Bittelstedt bei Weimar. Diese vier Personen waren innerhalb der Freiheitsstrafe von Udo Maier kurze oder auch längere Zeit mit ihm in einer Zelle.

Von der unbekannten Leiche war ein Gebissabdruck angefertigt worden, da drei Backenzähne mit Amalgam behandelt waren. Man erhoffte sich daher, dass er bei einem Zahnarzt in Behandlung war und anhand des Abdrucks den Patienten erkennen könnten.

Es konnte eindeutig nachgewiesen werden, von den gesicherten Handschuhspuren an den Türen der aufgebrochenen Keller waren einige von den Lederhandschuhen des unbekannten Toten. Die Zahnärzte im Bereich von Apolda gaben an, das der Gebissabdruck nicht von einen ihrer Patienten ist. Der Tote war somit nicht bei ihnen zur Behandlung. SOKO-Leiter Schuster wies daraufhin an, dass die im Kreisgebiet, in Weimar, in Sömmerda sowie Jena vorhandenen Zahnärzte mit einbezogen werden sollten. Den zuständigen Polizeiämtern übersandte man je einen Gebissabdruck.

Trotz großer Anstrengungen konnte man den gesuchten Udo Maier nirgendwo auffinden. Die Fahndung nach ihm wurde auf alle Bezirke in der DDR ausgedehnt. Den Heimatpolizeiämtern der 3 Mitinsassen von Udo Maier während seiner Haftzeit wurden über diese Personen informiert und um Überprüfung und den Aufenthaltsort gebeten.

Die Untersuchung der Leiche des Schellenberg in der Gerichtsmedizin ergab, der Schlag auf seinen Kopf wurde mit einem Rundeisen von ca. 2 cm Durchmesser verursacht und führte zum Schädelbruch und zum Tot.

Am Montag, den 16.Oktober rief ein Herr Michael Tauber um 14.30 Uhr über Notruf bei der Polizei an und teilte mit, sein Keller im Haus in der Bert-Brucht-Straße 13 sei aufgebrochen worden. Er war nicht drin und hat auch nichts verändert. Herr Schuster schickte Herrn Haubold und Leutnant Baier zu diesem Tatort. Herr Baier soll den Tatort untersuchen und Herr Schuster die sogenannten Rundumermittlungen durchführen. Zuerst fertigte Leutnant Baier die Übersichts- und die Detailfotografien an. Danach begann er mit der Spurensuche. An den Spuren an der Tür und an der Zarge in Höhe des Einsteckschlosses erkannte er sofort die typischen Spuren eines angewendeten Nageleisens. An der Tür über dem Schloss fand er eine Handschuhspur. Beide Spuren wurden gesichert. Beim Betreten des Hauses hatte er gesehen, in der Haustür war ein Buntbarteinsteckschloss. Deshalb ging er zur Haustür und baute dieses Einsteckschloss aus und nahm es auseinander. Hier stellte er Kratzspuren im Schlüsselkreis fest, die auf die Verwendung eines Sperrhakens oder Dittrichs hinwiesen. Er fotografierte diese Spuren. Hauptmann Haubold hatte zuerst den Kellereigentümer Tauber befragt. Das letzte Mal war er vorher am Freitag, den 13.Oktober in seinem Kellerraum gegen 20.30 Uhr. Da wäre alles noch in Ordnung gewesen. Andere gehen nicht in den Keller, da er geschieden ist und allein lebt, er hatte auch keine Kinder. Mit den Mitbewohnern komme er gut aus, habe aber zu Niemanden engere Kontakte. Auch zu den Bewohnern der Nachbareingänge gäbe es keinerlei Probleme. Bei der Befragung in den Nacheingängen traf Herr Haubold den Paul Fritsche an, 69 Jahre alt. Dieser hatte am 13.Oktober gegen 23.45 Uhr kurz vor dem Schlafengehen nochmal aus dem Fenster gesehen. Er sah einen Mann an der Haustür dort stehen, der am Schlüsselloch herum hantierte. Er war der Meinung, der ist betrunken und findet das Schlüsselloch nicht. Er kennt zwar die Leute aus diesem Hauseingang, konnte aber nicht erkennen, wer es war. Er hatte keine Brille auf. Den Mann schätzte er auf etwa 40 Jahre, trug dunkle Kleidung und hatte ein dunkles Basecap auf dem Kopf.

Herr Tauber sollte dann nachsehen im Keller, ob was fehlen würde. Er teilte dann mit, es fehle eine elektrische Heckenschere und eine Tischkreissäge. Es könnten auch einzelne Werkzeuge weg sein, aber da habe er keine Übersicht.

Da die Polizeiämter noch nicht auf die Anfragen reagiert hatten, sandte Frau Berger nochmals Fernschreiben speziell zu dem Heiko Walther nach Gotha, zu dem Gerd Lohmaier nach Weimar, zu dem Theo Ladwig nach Naumburg und zu dem Paul Rüdiger nach Gera. Es sollte der Aufenthaltsort festgestellt werden, das Alibi zu den Tatzeiten, eine Personenbeschreibung und von wann bis wann sie mit dem Udo Maier eine Haftstrafe verbüßten und worüber Maier in dieser Zeit gesprochen hat. Sie bat um zügige Bearbeitung dieses Anliegens. Schon drei Tage später teilte die Polizei in Gotha mit, der Walther sei 28 Jahre alt, hat blondes langes Haar, ist 1,67 m groß, grüngraue Augen, trägt Antrazit-farbene Jeans, dazu meistens Pullis unterschiedlicher bunter Farben und er ist schlank. Zu den fraglichen Tatzeiten konnte er ein Alibi nachweisen, was auch von mehreren Personen bestätigt wurde. Wegen mehrfachen Diebstählen aus Gartenlauben, in die er durch einschlagen der Fensterscheiben eingestiegen war, wurde er zu sechs Monate Haftstrafe verurteilt, die er in Stonna verbüßte. Hier war er einen knappen Monat mit Udo Maier und dem Paul Rüdiger in einer Zelle. Beide waren angeblich unschuldig im Gefängnis. Der Maier war der Bestimmende von Beiden. Weil sie ihn ständig schikanierten bat er um Verlegung, was getan wurde.

Auch die Polizei in Naumburg reagierte schnell und teilte zu dem Theo Ladwig mit, er sei 43 Jahre alt, 1,72 m groß, blaugraue Augen, trägt blaue Jeans mit grauer Jacke, hat braune Halbschuhe, korpulente Figur.

Zu den fraglichen Tatzeiten war er nachweislich in Naumburg - durch Zeugen bestätigt. Er war von 1986 an zu drei Jahren Freiheitsstrafe verurteilt wegen Vergewaltigung. Davon war er 1 1/2 Jahre in Naumburg im Strafvollzug. 1988 wurde er nach Stonna verlegt und 6 Monate mit dem Maier und dem Rüdiger in einer Zelle verbracht haben. Maier habe erzählt, er sei bei mehrfachen Kellereinbrüchen ertappt worden. Unter anderen sagte er auch, dass er nach seiner Entlassung auf keinen Fall wieder nach Wackerstedt gehen würde. Was er sonst noch vorhatte, darüber hat er nicht gesprochen. Seine Meinung war zu Maier, er sei rechthaberisch und gewalttätig. Ob er mit anderen Gefangenen Kontakt hatte, ist ihm nicht bekannt.

Zu dem Paul Rüdiger teilte die Geraer Polizei mit, sie habe ihm bisher nie angetroffen. Er habe eine kleine Wohnung in Hirmsdorf. Die Hausbewohner und Nachbarn sagten, sie hätten ihn nach seiner Haftentlassung höchstens zwei bis dreimal gesehen. Er soll 1,70 m groß, schlank, etwa 20 Jahre alt sein, habe dunkle Augen, schwarzes strähniges Haar. Er hatte nur schwarze Sachen an und die Kapuze seines Anoraks immer über dem Kopf gezogen. Seine Hände hatte man nie gesehen, darüber hatte er schwarze Lederhandschuhe. Als Jugendlicher hatte er Diebstähle aus Gartenlauben und Wohnungen begangen und Keller aufgebrochen. Dafür hatte er eine Freiheitsstrafe von 18 Monaten erhalten. Zum Alibi konnte man ihn nicht befragen. Eine Nachfrage beim Anstaltsarzt in Stonna habe ergeben, er soll sich beide Hände verätzt haben und durfte deswegen Handschuhe tragen.

Zu dem Gerd Lohmaier schrieb die Polizei Weimar. Zu den in Frage kommenden Tatzeiten hat er ein einwandfreies Alibi, das durch andere Personen bestätigt wurde. Er wird so beschrieben: 1,67 m groß, 39 Jahre alt, hat rötliches Haar mit Stirnglatze, hat graue Augen. Trägt oft einen Anzug älterer Herstellung und schwarze hohe Schuhe. Er hat ein festes Arbeitsverhältnis und hat keine Fehlzeiten. Wegen mehrfacher geringfügiger Diebstähle aus Wohnungen wurde er zu 6 Monaten Freiheitsstrafe verurteilt. Diese verbrachte er in Stonna und davon 3 Monate mit dem Maier und den Rüdiger zusammen in der Zelle. Was ihm aufgefallen war, der Rüdiger hatte immer Handschuhe an, er kann sich nur daran erinnern, es waren Gummihandschuhe, da schaute ein Verband darunter vor. Erzählt haben sie von sich kaum etwas, sie wären unschuldig hier.

Nach der Meldung aus Gera zu dem Paul Rüdiger kam man zu dem Schluss, der Maier hatte mit dem Rüdiger zusammen die Kellereinbrüche begangen und war bestimmt der bisher tote Unbekannte beim Einbruch in den Keller der Familie Anhalt. Es wurde nach Gera ein Gebissabdruck des Toten geschickt mit der Bitte in Hirmsdorf bei Zahnärzten dies zu überprüfen. Der Zahnarzt Herr Peter Müller hatte erklärt, er habe diese Amalgamfüllungen bei dem Patienten Paul Rüdiger durchgeführt. In Hirmsdorf und Umgebung konnte eine Tante ermittelt werden von dem Rüdiger, der man ein Foto von dem Totem vorlegte. Sie bestätigte, es war ihr Neffe. Nachdem der Staatsanwalt die Leiche freigab, wurde diese der Tante zur Bestattung übergeben.

Der SED im Fernsehen, die Grenze zwischen der DDR und der Bundesrepublik wäre ab sofort offen. Diese Nachricht hatte sich wie der Wind sehr schnell verbreitet und die Apoldarer Polizisten erfuhren auch davon. So verabredeten sich die Mitarbeiter der Sonderkommission am Samstag, den 11.November dieses Ereignis im Kleinen „Falkstaff" gebührend zu feiern und es artete fast in eine Orgie aus. Zu Hause sprachen sie mit Ihren Familien über nichts anderes mehr, als über dieses Ereignis und schauten sich das alles auch im Fernsehen an. Zum Glück war es ein Samstag und sie konnten am Sonntag ausschlafen, keiner hatte K.-Dauerdienst.

Die Nachricht von der offenen Grenze hatte nicht unmittelbar Einfluss auf die Arbeitsweise der Sonderkommission, es war aber zu befürchten, der Täter könnte sich absetzen. Es war so gut wie sicher, der Udo Maier ist der vermutliche Mörder und Einbrecher.

Am Montag, den 15.Januar 1990 rief eine Frau Dittrich gegen 06.00 Uhr über die 110 bei der Polizei an. Sie wohnt in der Blumentostraße 15. Ganz aufgeregt und nach Luft ringend teilte sie mit, im Haus wäre ein Einbrecher. Sie habe dann Schreie aus dem Garten hinter dem Haus gehört und aus dem Fenster gesehen. Sie sah ihren Mann im Gras liegen und ein anderer Mann wäre sehr schnell weggelaufen.

Die Herren Foit und Baier begaben sich umgehend zu diesem Ereignisort. Frau Dittrich kam ihnen total aufgeregt entgegen und teilte mit, ihr Ehemann liege im Garten, vorher habe sie Schreie gehört. Und Hilfe holen wollen, dabei fiel ihr nur die Notrufnummer 110 ein. Sie ließen sich den Ort im Garten zeigen und erkannten, der Mann hatte einen bläulichen Jogginganzug an und war tot, nachdem sie ihm an der Halsschlagader einer Kontrolle unterzogen hatten. Dabei sah Oberleutnant Foit auch die blutende Wunde auf dem Kopf des Mannes. Sie benachrichtigten umgehend die Mitarbeiter der Mordkommission Schuster und Haubold und forderten einen Schutzpolizisten zur Absicherung des Leichenfundortes an. In der Zwischenzeit schauten sich die beiden vom Einbruchskommissariat in der näheren Umgebung des Leichenfundorts um. Sie entdeckten in der weichen Gartenerde zwei verschiedene Schuheindruckspuren. Nach kurzer Kontrolle der Halbschuhe des Toten erkannten sie, eine der Schuhspuren gehörte dem Toten. Bei der zweiten Schuhspur handelte es sich um eine Art Wellenmuster. Leutnant Baier erinnerte sich, dass er ein solches Muster schon bei den anderen Kellereinbrüchen gesehen hatte. Die beiden Hauptleute übernahmen die weitere Untersuchung im Zusammenhang mit dem Toten.

Die Kriminalisten Foit und Baier begaben sich in die Kellerräume des Einfamilienhauses und sahen an der Tür zur Sauna, hier waren frische

Spuren eines gewaltsamen Eindringens. Die Tür war bereits offen, es gab aber keine Hinweise, dass da ein Täter etwas weggenommen hat, noch in dem Raum drin war. An der Tür wurden wieder Spuren von der Anwendung eines Nageleisens und Teilabdrücke von Mustern gefunden, die auf Lederhandschuhe hinwiesen. Der Tatort wurde fotografisch gesichert und die Spuren für eine weitere Auswertung ebenfalls abgenommen. Danach begaben sich Beide zu dem Toten. Hier war bereits der Gerichtsmediziner anwesend und er hatte festgestellt, der Tot war zwischen 06.00 Uhr und 06.30 Uhr eingetreten und hatte vermutlich mehrere Schläge mit einem runden Gegenstand auf dem Kopf erhalten, was auch zum Tod führte. Er ließ dann die Leiche zur Untersuchung in die Gerichtsmedizin nach Jena durch das Bestattungsunternehmen Gundermann überführen. Am Ort des Leichenfundes wurde Blut von verschiedenen Stellen gesichert für Vergleichszwecke. Die Schuheindrücke wurden mittels angerührten Gipsbrei ausgegossen, gesichert und abgedeckt. Damit der Gips beim Herausnehmen aus der Spur nicht zerbricht, wurde ein Stück Holz in den noch weichen Gips eingedrückt. Da konnte man dann die gesicherte Gipsspur herausheben.

Gipsabdruck einer Schuheindruckspur im Garten

Die Herren Schuster und Haubold hatten mit der Ehefrau des Toten gesprochen und sich bestätigen lassen, es war wirklich ihr Ehemann. Sie sagte aus, es wäre kurz vor 06.00 Uhr gewesen, ihr Mann habe sie geweckt und daraufhin gewiesen, es sei irgend- jemand im Haus, er habe Geräusche gehört, die er sich nicht erklären konnte. Er ist sofort aufgestanden und habe sich schnell einen hellblauen Jogginganzug angezogen, der auf einem Stuhl in der Schlafstube lag und sei sofort hinunter in den Keller gelaufen und ihr zugerufen, sie soll sofort die Polizei anrufen.

Das habe sie auch getan, sie habe gleich danach Schreie aus dem Garten gehört und ist zum Fenster gelaufen. Hier sah sie ihren Mann am Boden liegen und ein anderer dunkel bekleideter Mann sei mit einer Stange in der rechten Hand davon gerannt in Richtung Gartentür, der Ausgang führt zur Straße. Nach ihrer Schätzung trug der Mann ein schwarzes Basecap und war wahrscheinlich so etwa 25 Jahre alt. Die Schuhspur führte zur Gartentür und endete hier auch.

Die Herren Haubold und Leutnant Baier begannen sofort mit den sogenannten Rundumermittlungen. Das heißt, sie suchten die Bewohner links und rechts vom Haus des Ermordeten auf und befragten diese, ob sie Hinweise zum Geschehen geben konnten. Der unmittelbare Nachbar Herr Kurt Fritsche hatte gesehen und gehört, es sei ein schwarzer Trabant 601 gegen 06.25 Uhr vor seinem Haus angelassen worden und weggefahren. Er war sofort ans Fenster getreten um nachzusehen. Konnte jedoch nichts weiter mehr erkennen, denn der PKW war gerade angefahren und fuhr von seinem Standort nach links weg. Das Kennzeichen konnte er nicht erkennen. Diesen „Trabant“ hatte er hier noch nie gesehen. Ein anderer Hausbewohner Oswald Berliner hatte vor 2 Tagen einen solchen Trabant abends gegen 22.00 Uhr gesehen. Das Auto stand auf der gegenüberliegenden Straßenseite. Der Fahrer habe im Auto gesessen und so getan, als ob er schliefe. Es war aber bereits zu dunkel, um etwas mehr erkennen. Das hatte er von seinem Wohnstubenfenster aus beobachtet. Er konnte zu diesem PKW auch keine weiteren Angaben machen.

Bei der gerichtsmedizinischen Untersuchung des toten Dittrich konnte der leichenschauhaltende Arzt nach den bisher bekannten Untersuchungsergebnis sagen, der Täter habe mit drei Schlägen mittels eines runden schweren Gegenstandes den Dittrich auf den Kopf geschlagen. Der sich nicht zur Wehr gesetzt hatte. Man fand in seiner rechten Faust ein kleines Stück Stoff, es könnte von einem schwarzen Anorak herrühren. Nach seiner Feststellung konnte das Tatwerkzeug ein Nageleisen sein.

Zu anfang des Jahres 1990 wurden in der ostdeutschen Polizei die Dienstgradbezeichnungen der Bundespolizei eingeführt. Oberst Henkel war dann Polizeidirektor, der Major Bauer wurde Kriminalrat, die Hauptleute Schuster und Haubold durften sich dann Kriminalhauptkommissare nennen, Oberleutnant Foit wurde Kriminaloberkommissar, Ltn. Baier war dann Kommissar Baier und Frau Berger hieß dann ab sofort Kriminalmeister Karin Berger.

Die strafbaren Handlungen im Zusammenhang mit den Kellereinbrüchen deuteten sehr stark daraufhin, dass es sich bei dem Täter doch um den Udo Maier handeln könnte. Deswegen wurden die Fahndungsmaßnahmen nach ihm verstärkt. Trotzdem gab es keine Hinweise auf seinen Aufenthaltsort. Da die Grenze zur BRD offen war, wies der Polizeidirektor Henkel an, man muss das Bundeskriminalamt in Bonn informieren und diese Einrichtung über das Geschehene und zum verdächtigen Udo Maier in Kenntnis setzen, auch das er vermutlich mit einem dunklen bis schwarzen PKW „Trabant 601„ unterwegs sein könnte. Man bat um Mithilfe bei der Suche nach dem Maier und übermittelte die Beschreibung des Täters, die von 1986 war. Somit war er jetzt 26 Jahre alt und 1,85 m groß, schlanke Figur, trug damals langes bis auf die Schultern reichendes blondes Haar mit Mittelscheitel und hatte dunkle Bekleidung an und trug Sportschuhe. Das Lichtbild aus seiner Polizeiakte von 1986 wurde mit übermittelt.

Die Apoldaer Dienststelle wurde von dem Polizeirevier in Hof (Bayern) darüber in Kenntnis gesetzt, man hatte einen schwarzen Trabant 601 festgestellt bei einer Verkehrsunfallaufnahme, Der Besatzung eines Streifenwagens war der Trabant aufgefallen, der jedoch nicht verfolgt werden konnte. Man hatte aber das Kennzeichen am PKW festgestellt, es war das Kennzeichen eines ostdeutschen PKW „LG 64 – 79“.

Sofort wurde nachgeprüft, wo dieses Kennzeichen zugelassen war. Es war in Erfurt zugelassen und nach dem Ermittlungsersuchen an die Erfurter Verkehrspolizei wurde den Apoldaer Kriminalisten mitgeteilt, das Kennzeichen war auf einen Bürger zugelassen, der schon über 1 Jahr tot war. Seine Familienangehörigen konnten dazu mitteilen, dieses Kennzeichen sei kurz vor dem Tot ihres Vaters Frank Langer an dessen PKW gestohlen worden. Der Vater war damals schwer erkrankt und konnte sich nicht darum kümmern. Der PKW, zu dem dieses Kennzeichen gehörte, war ein PKW „Wartburg“ und stand seitdem Tot des Vaters in einer Garage bei Freunden untergestellt. Auch das wurde durch die Erfurter Polizei überprüft und konnte bestätigt werden. Die Fahndungsmaßnahmen wurden nun ganz gezielt nach dem Udo Maier weitergeführt und die Suche auch im Hörfunk des ostdeutschen Rundfunks, Sender Weimar und im DDR Fernsehen mit Lichtbild in beiden Programmen ausgestrahlt. Auch ein Ersuchen an das zweite deutsche Programm - ZEDF - in Minz wurde darum gebeten. In der Sendung Kriminalfälle XYZ wurde die Fahndung nach Maier ausgestrahlt.

Durch den Bürger Leo Barke wurde die Polizei informiert, ihm sei sein PKW Trabant 601 gestohlen worden, er stand in der Bergstraße in Großramstedt und war nicht zugelassen. Festgestellt hatte er das gleich zu Beginn des Jahres 1990, kann jedoch den Tag des Diebstahls nicht genau sagen. Der Trabbi hatte eine dunkelgrüne Farbe. So wurde vermutet, dieser PKW sei gestohlen und wurde mit einer schwarzen Farbe umgespritzt und mit dem entwendeten Kennzeichen versehen.

Durch die Bevölkerung gingen unzählige Hinweise zum Verbleib des Maier und des schwarzen Trabants ein. Diese wurden alle überprüft. Da die Hinweise aus dem ganzen Land kamen, wurden die zuständigen Polizeiämter um die Überprüfung dieser Hinweise gebeten. Mitten in diesen Prüfungen kam eine Meldung von der Polizeidienststelle in Weimar, man habe dort ebenfalls einen Kellereinbruch am 28.Juni 1990 gemeldet bekommen und bat um Mitarbeit dieses neuen Falles. Oberkommissar Foit wurde nach Weimar abgestellt zur Mitarbeit an diesem neuen Fall. Bei der Besichtigung des Tatortes in der Florian-Greyer-Str. 59 bei der Familie Schlacke konnte er sofort erkennen, es muss sich um denselben Täter handeln, der die Kellereinbrüche in Apolda begangen hatte. Das Spurenaufkommen bestätigte seinen Verdacht. Denn die Kellertür war nachweislich mit einem Nageleisen aufgebrochen worden und man fand auch wieder an der Tür und an den Schränken im Kellerraum wieder Handschuh-spuren und man fand auch einen Teilabdruck einer Hand, die gut gesichert und abgenommen werden konnte. Der Vergleich mit Vorliegenden Material ergab, es muss sich bei dem Abdruck einer ganzen Hand, um einen zweiten Täter handeln. Der Vergleich mit den Fingerabdrücken des Udo Maier war klar, sie waren nicht von Maier. Bei den Befragungen der Nachbarn und Anwohnern in der Straße konnte der Dr. Schlade aus dem Haus Nr.46 Hinweise geben. Er hatte einen PKW „Daihatsu“ Farbe Gelb gesehen mit dem Kennzeichen „ERF- H - 46„. Der PKW stand am 26.Juni in der Straße, seinem Wohnhaus gegenüber. Es war so gegen 23.00 Uhr, da stieg ein Mann aus dem PKW in dunkler Bekleidung, die Kapuze seines Anoraks über dem Kopf und hatte eine schlanke Figur, er schätzte ihn um die 30 Jahre alt. Fast zur gleichen Zeit stieg ebenfalls ein dunkel bekleideter Mann auf der Beifahrerseite aus. Er konnte sonst keine weiteren Angaben machen, die Personen waren ihm nicht bekannt und er hatte diesen PKW und diese Personen in seiner Straße noch nicht gesehen.

Der Einbruch in den Kellerraum war erst am nächsten Morgen gegen 10.00 Uhr durch den Hausmitbewohner Kohler entdeckt worden, der sofort die Familie Schlacke informierte. Somit konnte die Tatzeit vom Samstag, den 26.Juni gegen 23.00 Uhr bis zum Sonntag, den 27.Juni1990 gegen 10.00 Uhr eingegrenzt werden. Man wusste noch nicht genau, wie der Täter in das Haus gekommen war. Bei der Befragung der Mitbewohner ergab es sich wieder, dass bei einer ca. 80jährigen älteren Frau Schudrow im 2. Stock geklingelt worden war, es soll kurz nach 23.00 Uhr gewesen sein. Sie habe den elektrischen Öffner betätigt, es ist aber niemand zu ihr gekommen. Da sie sehr gehbehindert ist, konnte sie auch nicht nachsehen. Eine Abfrage in Erfurt wegen des PKW „Daihatsu" Kennzeichen ERF-H 46„ ergab, im Polizeirevier Erfurt Süd war der genannte PKW als gestohlen von seinem Eigentümer Gerd Langbart aus Erfurt, Nordhäuser Weg 36 gemeldet. Der Diebstahl soll bereits am Donnerstag, den 24.06.1990 morgens bemerkt worden sein. Die Ermittlungen zu diesem PKW Diebstahl ergaben keine Hinweise zum Täter. Der PKW stand unmittelbar gegenüber dem Wohnhaus unter einer Straßenlaterne, die auch eingeschaltet war. Der PKW - Diebstahl war vom Mittwoch, den 23.06./23.00 Uhr bis 24.06.1990 gegen 07.00 Uhr, da bemerkte Herr Langer, der PKW stand nicht mehr an dem Ort und war auch nicht in der Nähe auffindbar. Da doch eindeutig ein Zusammenhang mit dem Kellereinbruch bei Familie Schlacke in Weimar zu erkennen war, wurden die Fahndungsmaßnahmen um diese Angaben ergänzt und im gesamten Gebiet in der DDR und in der BRD erweitert. Ihre Maßnahmen zur Feststellung des Täters wurden kurz ab dem Dienstag, den 29.Juni1990 unterbrochen. Ab dem Montag, den 01. Juli 1990 war die Währungsunion und im Osten wurde die D-Mark eingeführt. Hier mussten alle Angehörigen der Polizei an den Sicherungsmaßnahmen bei den Geldinstituten eingesetzt werden. Mitten hinein kam aus Halle an der Saale am Dienstag, den 02. Juli die Meldung, der schwarze Trabant war im dortigen Neubaugebiet aufgefunden worden. Bürger hatten festgestellt, er stand schon mehrere Tage da an der gleichen Stelle und wurde nicht abgeholt. Die Hallenser Polizei wurde gebeten, durch die Spurensicherung das Fahrzeug gründlich untersuchen zu lassen. Am Fahrzeug war auch noch das amtliche Kennzeichen LG 64 - 79 befestigt, welches in Erfurt von einem PKW Wartburg gestohlen war. Die Kollegen aus Halle leisteten eine gute Tatortarbeit und führten auch Befragungen in den umliegenden Häusern durch. Eine 66jährige Frau Leier hatte am 22. Juni etwa gegen 23.45 Uhr von ihrer Wohnung aus am Fenster gesehen, wie ein etwa 25 - 30jähriger, schlanker Mann und ein zweiter etwa 25 Jahre alt, den PKW da abstellten und weggingen. Sie trugen Beide dunkle Anoraks und hatten die Kapuze über den Kopf gezogen, sie konnte nichts weiter erkennen. Ob einer von ihnen Handschuhe trug, konnte sie nicht sagen. Sie habe zufällig am Fenster gestanden und auf die Straße geschaut, weil sie nicht schlafen konnte. Im Fernsehen hatte sie von den vielen Kellereinbrüchen gesehen und von dem möglichen Täter gehör. Ihr sei nicht die Idee gekommen, diese Männer hätten irgendetwas damit zu tun. Die Kriminalisten aus Halle teilten mit, der PKW war nicht abgeschlossen abgestellt und man fand an der Fahrertür und am Lenkrad Fingerabdruckspuren und eine Trinkflasche mit solchen Fingerabdrücken. Im Kofferraum fand man verschiedenes Werkzeug, darunter auch ein Nageleisen. Hier konnten keine Spuren gesichert werden, sie waren alle säuberlich abgewischt worden. Vermutlich mit dem Tuch, welches im Kofferraum lag. Durch die Hallenser Kollegen wurden die gesicherten Fingerabdrücke nach dem kriminalistischen Institut nach Erfurt gesandt, die diese Spuren mit den vorliegenden Fingerabdrücken aus dem Jahre 1986 verglichen. Es stand danach absolut sicher fest, ein größerer Teil der Fingerabdrücke aus dem Trabant in Halle sind dem Verdächtigen Udo Maier zuzuordnen. Aber einige Abdrücke konnten ihm nicht zugeordnet werden. Diese anderen Spuren wurden weiter mit vorhandenen Fingerabdrücken von Vorbestraften verglichen, tatsächlich fand man Vergleichsmaterial von einem unbekannten Mörder, der in Erfurt eine Frau vergewaltigt und anschließend getötet hatte. Es war somit sicher, ihr Täter zu den Kellereinbrüchen war der vorbestrafte Udo Maier, gegen den auch wegen Mordverdacht ermittelt wurde. Auch das vorgefundene Nageleisen wurde eindeutig als das Tatwerkzeug bei der Tötung des Herrn Schellenberg und des Herrn Dittrich identifiziert und wurde bei fast allen Kellereinbrüchen verwandt. Damit wurden alle Fahndungsmaßnahmen nun ergänzt und auf den verdächtigen Udo Maier konzentriert, dabei auch der Hinweis, er könne jetzt mit einem Mittäter zusammen sein, der ebenfalls verdächtigt ist, einen Mord bereits begangen zu haben. Am Donnerstag, den 04.Juli teilte der Herr Leobold Schulze aus dem Hallenser Neubaugebiet mit, dass sein alter abgestellter Skoda - Fabia nicht mehr an seinem Platz stand. Am Skoda war noch ein neues Kennzeichen HAL-LS-38 angebracht. Er fuhr ihn schon einige Zeit nicht mehr, weil er beim starten Probleme machte. Die vermutliche Tatzeit müsste ab den 22.06. gewesen sein, denn da habe er ihn noch tagsüber gegen 18.00 Uhr stehen gesehen. Nun wurde angenommen, die Täter sind mit dem gestohlenen Skoda Fabia nach Erfurt gelangt. Am 03.07.1990 hatte eine Streifenwagenbesatzung am Stadtrand von Erfurt in der Nähe der Straße nach Nordhausen in einem Feldweg den aufgebrochenen Skoda gefunden. Die Spurensicherung wurde sofort beauftragt, den PKW gründlich zu untersuchen. Tatsächlich fand man eine kurz geschaltete Zündung und an der Tür Spuren eines Handschuhs. Von den beiden vorderen Sitzen wurden Geruchsspuren genommen und nach Faserspuren gesucht und es wurden welche gefunden. An den Lehnen wurden Fasern vermutlich von einem schwarzen Anorak und an der anderen Lehne von einem grauen Pullover gesichert. Die Hallenser Polizei wurde darüber informiert und der Halter konnte seinen PKW wieder abholen.

Somit war klar geworden, die Täter waren mit dem Skoda von Halle nach Erfurt mit Mühe und Not gekommen, diesen dann auf dem Feldweg abgestellt und haben dann den PKW Daihatsu gestohlen, mit dem sie noch unterwegs sein könnten. An alle Bezirke und Kreise wurden Fahndungen nach Udo Maier vermutlich mit einem Komplizen herausgegeben mit dem Hinweis, sie könnten mit diesem Daihatsu unterwegs sein. Auch das BKA wurde um Mithilfe gebeten.

Von der Polizei in Suhl wurde am Freitag, den 03.September 1990 mitgeteilt, man habe in einer kleinen Stadt Neugers einen ähnlichen Kellereinbruch gehabt, wie sie in Apolda und in Weimar vorgefunden wurden. Die oder der Täter schlossen die Haustür vermutlich mit einem Sperrhaken auf und brachen die Kellertür den Spuren nach mit einem Nageleisen auf. Gestohlen wurden elektrische Geräte wie Bohrmaschinen, Winkelschleifer, Hobelmaschine und ein Schleifgerät. Herr Oberkommissar Foit wurde sofort nach Suhl abgestellt und beteiligte sich an den Ermittlungen im näheren Umfeld des Kellereinbruchs. In der Straße der Freiheit, zwei Häuser neben dem Tatort wurde der Bürger Hans Jochen Kührse angetroffen, der einige Tage vor dieser Tat einen gelben PKW gesehen hat, der mit zwei Personen besetzt war. Sie stiegen nicht aus, solange er sie zwischen 20.00 - 22.00 Uhr beobachtet hatte. Nachdem ihm Bilder von einem PKW Daihatsu vorgelegt wurden, bestätigte er, es war so ein PKW," ganz genau so sah er aus"- sagte er wörtlich. Die Zeitung im Bereich Suhl veröffentlichte ein Foto von diesem PKW und die Bevölkerung wurde gebeten, mitzuteilen, wo sie einen solchen PKW schon gesehen haben. Auch hier gab es ein großes Interesse der Bürger, dabei zu helfen. Sie wollten aktiv diese vielen Morde und Einbrüche mit aufklären. Es war erstaunlich, wieviel dieser PKW es im Lande gab. Leider war es keiner der gesucht wurde. Herr Herbert Licht aus Trödeln bei Suhl informierte am 06.September, dass in seinem Ort ein gelber PKW Daihatsu seit mehreren Tagen immer noch an der gleichen Stelle vor dem Wohnhaus in der Hauptstraße 74 stehe.

Es stellte sich sehr schnell heraus, es war tatsächlich der in Erfurt gestohlene PKW mit dem Kennzeichen ERF - H - 46. Die Suhler Kollegen führten auch fachmännisch die Spurensuche und -sicherung durch und fanden auch Fingerspuren, Faserspuren und Schuheindruckspuren vor der Beifahrertür. Die alle in Erfurt mit den bereits vorhandenen Spurenmaterial verglichen wurden. Es bestätigte sich, dass ein Teil der Spuren mit denen von anderen Tatorten gesicherten Spuren überein Stimmten. Im Bereich der Zündung, die wieder kurzgeschalten war, hatte man einen Teilabdruck eines Fingers gefunden, den man mit den Vergleichsspuren von Udo Maier verglich. Diese wurden ihm 1986 abgenommen, als er wegen wiederholten Einbrüchen zu zwei Jahren Freiheitsstrafe verurteilt wurde. Der Herr Foit war noch in der Suhler Untersuchungsgruppe und hat ab den Mittwoch, den 08.September gemeinsam mit den anderen Kollegen die Rundumermittlungen getätigt. Hier traf er im Haus Hauptstraße 68 die ca. 35jährige Frau Uta Wankow an. Sie war Witwe und gab zu, mit dem Udo Maier ein Verhältnis zu haben. Er sei aber schon drei volle Tage nicht mehr bei ihr gewesen. Den in der Straße abgestellten PKW habe er seit gut 1 Woche nicht mehr genutzt, nachdem er das Foto in der Zeitung gesehen habe und war auch kurz darauf verschwunden. Er hat ihr nie erzählt, mit wem er befreundet sei und was er nachts getan habe, wenn er unterwegs war. Sie weiß, er habe sich sehr für alle möglichen elektrischen Werkzeuge und Maschinen interessiert.

Kurze Zeit später tagte die neu gewählte Volkskammer der DDR und beschloss den Beitritt ab 03.Oktober 1990 zur BRD. Damit war der Zusammenschluss der beiden deutschen Staaten zur einheitlichen Bundesrepublik Deutschland vollzogen. Es wurden auch etliche Menschen im Osten arbeitslos und gingen in die anderen Länder nach dem Westen um zu arbeiten, manche gingen auch anderen Neigungen nach. Das BKA war schon seit längerer Zeit mit in die Fahndungsmaßnahmen einbezogen worden und wurde nochmals gebeten, die Suche nach dem Udo Maier unter den neuen Bedingungen zu verstärken. Man konnte davon ausgehen, Udo Maier versuchte in den westlichen Bundesländern unterzutauchen. Vor allem, weil seine bisherige Unterkunft bei der Frau Wankow aufgeflogen war. Man ging davon aus, er würde ganz bestimmt wieder irgendwo einen PKW knacken, ihn kurzschließen und damit unerkannt umherfahren. Es dauerte auch nicht lange, da meldete sich der Fritz Unger aus Suhl bei der Polizei und zeigte an, sein PKW „ VW - Käfer" mit dem amtlichen Kennzeichen SHL -U -23, Farbe rot, sei gestohlen worden in der Nacht vom Sonntag, den 05. zum Montag, den 06. September. Die Polizei vermutete sofort, es könnte sich bei dem Täter um den Udo Maier handeln und ergänzte die Suchmaßnahmen nach ihm um diese Details mit dem VW-Käfer.

Am Mittwoch, den 10. Oktober stellte eine Funkstreifenbesatzung in Leipzig diesen roten PKW - Käfer mit dem Kennzeichen SHL-U-23 bei einer allgemeinen Verkehrskontrolle fest. Er kam direkt auf die Kontrollstelle zugefahren, der Fahrer im Auto tat so, als ob er anhalten würde, fuhr rechts ran, gab plötzlich Gas, der kontrollierende Polizist konnte gerade noch zur Seite springen und der VW-Käfer für in Richtung Autobahnzufahrt Richtung A 14 davon. Sofort nahmen sie die Verfolgung auf und benachrichtigten ihre Leitstelle. Von hier aus wurde der Polizeihubschrauber angefordert, der sofort seine Suche nach dem PKW im Bereich der Autobahn A 14 aufnahm. Alle in Frage kommenden Funkstreifenbesatzungen und angrenzende Polizei Dienststellen wurden in diese Suche einbezogen. Man konnte den PKW - Käfer feststellen, er befuhr die A14 weiter in Richtung Magdeburg. Die Köthener Polizei baute vor der Autobahnausfahrt eine Kontrollstelle auf und legte auch eine Nagelkette aus, um eine gewaltsame Durchfahrt zu verhindern. Eine Funkwagenbesatzung aus Halle hatte die Verfolgung auf der Autobahn von der Leipziger Streifenwagenbesatzung übernommen und war in Sichtweite hinter dem VW-Käfer. Der Fahrer des VW-Käfer missachtete das Haltezeichen der Polizisten im Bereich der Autobahnausfahrt Köthen. Aber da er bei seinem Fluchtversuch über die Nagelkette fuhr und dabei die Luft aus den vorderen Reifen entwich, konnte er den PKW kaum noch Halten und nicht zum Stehen bringen und fuhr rechts in die Fahrbahnbegrenzung mit noch etwa 100 km/h. Der PKW erlitt dabei Totalschaden und der Fahrer verletzte sich durch den Anprall sehr schwer im Kopfbereich und erlitt innere Verletzungen im Bauch und Brustbereich durch den Gurt. Man leistete ihm sofortige Erste Hilfe, forderte einen Krankenwagen an. Der eintreffende Arzt stellte fest, dass der Fahrer nicht mehr ansprechbar ist und nur noch einen schwachen Puls hatte. Ein Polizeibeamter fuhr mit dem Krankenwagen ins Krankenhaus und übernahm die Sicherung des Täters dort. Man ging davon aus, dass es der Udo Maier war. Bei der Durchsuchung seiner Bekleidung fand man einen Führerschein und den Personalausweis, beide waren auf einen Karsten Brandt ausgestellt, wohnhaft in Plagsitz bei Leipzig. Man nahm ihn von beiden Händen die Fingerabdrücke für die Vergleichsarbeit. Die Bilder in beiden Dokumenten stimmten mit der verletzten Person überein. Darüber wurde die zuständige Polizeidienststelle in Kenntnis gesetzt. Man ging davon aus, der Verletzte ist der neue Mittäter von Udo Maier sein. Durch den Vergleich der Fingerabdrücke, die man im Trabant und im Daihatsu in Trödeln gefunden hatte, war klar, er ist der Mitinsasse vom PKW Daihatsu und wahrscheinlich sein Mittäter. Auch die von ihm getragenen Sportschuhe stimmten mit dem Schuhabdruck überein, den man bei dem Daihatsu auf der Beifahrerseite gefunden hatte. Nach Auskunft des behandelnden Arztes war der Karsten Brandt nicht vernehmungsfähig und die Polizei musste auf den Moment warten, wo dies wieder möglich ist. Die Verletzungen waren bei ihm erheblich und er musste wiederholt operiert werden, auch sein linkes Bein wies einen komplizierten Bruch im Unterschenkelbereich auf.

Die Fahndungsmaßnahmen nach Maier wurden wieder verstärkt durchgeführt, leider gab es keinen einzigen Hinweis auf seinen Aufenthaltsort. In den Presseerzeugnissen in allen Bundesländern wurde sein Foto von 1986 erneut veröffentlicht. Man versprach sich dadurch wenigstens einige Hinweise auf seinen Aufenthaltsort zu erfahren. Es kamen immer wieder Meldungen herein, man habe ihm in den größeren Städten wie Magdeburg, Aschersleben und Halle gesehen. Genauere Angaben konnte keiner der Personen geben. Man nahm an, der Maier könnte sich in der Nähe von Köthen aufhalten. Er wollte bestimmt Kontakt zu dem Karsten Brandt herstellen, wusste bestimmt nicht wie. Dieser Verdacht führte trotz intensiver Suche und Nachgehen dieser Hinweise nicht zum Aufgreifen des Udo Maier. Er konnte vermuten, falls der Karsten Brandt noch lebte, wird dieser durch die Polizei überwacht und könnte reden. Von dem Unfall hatte er bestimmt erfahren, aber er konnte nicht wissen, welche Verletzungen er hatte oder ob er noch lebte.

Gegen Karsten Brandt wurde ein Ermittlungsverfahren gegen Bekannt wegen Mord, versuchter Mord, Vergewaltigung, KFZ-Diebstahl, unbefugtes Benutzen von Kraftfahrzeugen, Herbeiführung eines Verkehrsunfalls sowie Einbruchsdiebstahls eingeleitet. Solange er im Krankenhaus war, stand er unter ständiger Polizeikontrolle und wurde danach verhaftet und kam in Untersuchungshaft. In seiner Vernehmung, bei der auch der von ihm gewählte Rechtsanwalt anwesend war, gab er nur die Vergewaltigung und den Mord an dem Vergewaltigungsopfer in Erfurt zu. Seine Antwort auf die Frage nach seinen Alibis beantwortete er: „Beweisen sie mir, dass ich die strafbaren Handlungen begangen habe. Ich bin nicht verpflichtet, ihnen zu sagen, wo ich zu den möglichen Tatzeiten war“. Alle anderen Handlungen, die ihm zur Last gelegt wurden, bestritt er. Anhand der vorgefundenen Spuren an Tatorten und durch Zeugenaussagen wurden ihm die Handlungen nachgewiesen, die er dann zugab. Er hatte den Udo Maier in Leipzig kennen gelernt, der war mit einem schwarzen Trabant unterwegs und hatte neben ihm gehalten. Er hatte gefragt, ob er mitfahren wolle. Während der Fahrt waren sich Beide einig geworden, zusammen ein paar Dinger zu drehen. Sie fuhren dann nach Halle, wo Maier unbedingt den

Trabant irgendwo stehen lassen wollte. Er hatte schon in Hof gemerkt, die Polizei war auf ihn aufmerksam geworden. Dabei erzählte er ihm, er habe in Hof auch einige Keller aufgebrochen mit dem Kuhfuss. Die Geräte die er da geklaut haben wollte, hat er gleich wieder verschärbelt. In Halle hat er dann den Trabbi irgendwo im Neubaugebiet abgestellt, es kann etwa Mitternacht gewesen sein. Dem Brandt wurde der Vorhalt gemacht, er sei auch bei einem Kellereinbruch in Weimar dabei gewesen, dort habe man seine Fingerabdrücke an der Kellertür gefunden. Er gab zu, dabei gewesen zu sein. An die Daten konnte oder wollte er sich nicht erinnern und führte das auf die schwere Kopfverletzung zurück. In Halle hätten sie dann auch einen Keller im Neubaugebiet aufgebrochen und dort Esswaren, Obstkonserven, Wurstkonserven und älteres Brot vorgefunden. Das haben sie mitgenommen und gegessen. Danach hat er mit dem Maier gemeinsam den Skoda geknackt. Das war auch im Neubaugebiet. Sie sind Beide in Richtung Erfurt gefahren. Der Skoda ist ständig ausgegangen und stehen geblieben. Beim Starten gab es viele Probleme bis er ansprang. So seien sie mit Ärger bis nach Erfurt gekommen und haben ihn irgendwo in Richtung Nordhausen in einem Feldweg stehen lassen. Danach haben sie sich nach einem anderen PKW umgesehen. In nicht allzu großer Entfernung haben sie den gelben PKW Daihatsu gesehen. Maier habe gesagt, der würde sehr unauffällig aussehen. Mit einem Draht, den Maier bei sich hatte, knackte er den PKW Daihatsu und schloss in Kurz. Sie haben dann in einem Ort in der Nähe von Suhl in einem Bauernhaus eingebrochen und hier einige elektrische Geräte wie zwei Bohrmaschinen und einen Akkuschrauber geklaut, die Udo behielt und verkaufen wollte. Beim Verkauf war er nicht dabei, Udo wollte ihm später Geld geben. Einige Tage darauf waren sie in Neugers bei Suhl und haben hier in einem Neubaublock in den Keller eingebrochen. Udo hatte die Haustür mit einem Sperrhaken und den Keller mit dem Nageleisen aufgebrochen. Udo trug immer Handschuhe, manchmal beim Autofahren zog er sie aus. Dieses Haus hatten sie ein paar Tage vorher abends ab 22.00 Uhr beobachtet. Nachts gingen hier keine Leute mehr aus und ein. Aus diesem Keller hatten sie eine Bohrmaschine, einen Winkelschleifer und eine Schleifmaschine mitgenommen, ob es noch was anderes war, kann er sich nicht erinnern. Udo gab ihm danach etwa Geld. Udo brachte ihn anschließend nach Leipzig und wollte zurück nach Suhl.

Ende September sei plötzlich der Udo mit einem roten VW Käfer bei ihm aufgetaucht. Sie haben dann in dem Randgebiet von Leipzig noch mehrere Einbrüche in den Neubauten dort gemacht. Nicht immer haben sie etwas Brauchbares gefunden. Wenn sie doch Glück hatten, kannte Udo Leute, die ihm das geklaute abgekauft haben. Davon konnten sie Beide leben. Übernachtet haben sie immer in den Autos, die sie gerade hatten. Dazu stellten sie das Auto in unbelebten Nebenstraßen ab.

In dieser Zwischenzeit liefen aber alle Suchmaßnahmen nach Udo Maier weiter. Die Bürger beteiligten sich an den Suchmaßnahmen der Polizei. Durch Hinweise konnte Udo Maier dann im Bundesland Brandenburg in Nauen festgestellt werden. Er sollte zu dieser Zeit bei der Frau Lieselotte Gerbich in der Franz- Liefer-Straße 12 wohnen.

Durch Kräfte der Schutz- und Kriminalpolizei wurde das Wohnhaus, indem Frau Gerbich wohnte, umstellt. Auf diese Art war man darauf vorbereitet, eine mögliche Flucht zu verhindern.

Er wurde in der Wohnung angetroffen und versuchte über den Balkon im Erdgeschoss zu fliehen, was durch die Polizei verhindert werden konnte. Die Polizei nahm ihn bei der Frau vorläufig fest. Man beschlagnahmte auch seinen Anorak, indem man ein kleines Loch fand, hier war ein kleines Stück herausgerissen worden. Der Staatsanwalt veranlasste bei der Frau Gerbich eine Hausdurchsuchung. Frau Gerbich hatte einen PKW „Mazda“ Farbe braun, den der Udo Maier ebenfalls benutzte. Bei der Hausdurchsuchung fand man ein Nageleisen und ein Paar schwarze Lederhandschuhe im PKW. Bei der Durchsuchung der Wohnung wurden Sportschuhe beschlagnahmt, deren Sohlenmuster den aufgefundenen Spuren bei den Morden und Einbrüchen in den Kellern stark ähnelten. Auch Diebesgut wurde gesichert und den Eigentümern wieder übergeben. Maier bestritt jedwede Handlung. Durch die Auswertung der bei ihm gefundenen und beschlagnahmten Gegenstände durch das Kriminalistische Institut, konnten ihm alle zur Last gelegten Straftaten nachgewiesen werden. Durch die Polizei in Leipzig, Halle, Suhl und Hof wurden die Anzeigen mit den bisherigen Ermittlungsergebnissen zu ihren Kellereinbrüchen übergeben und dem laufenden Ermittlungsverfahren gegen Udo Maier zugeordnet. Er berief einen Rechtsanwalt als seinen Beistand, der bei allen Vernehmungen anwesend war. Udo Maier bestritt anfangs alle ihm zur Last gelegten Straftaten. Deswegen sollte er eine Aussage machen, wo er denn zu den Tatzeiten sich aufgehalten hat. Hier kam auch nur seine lakonische Antwort:“ Beweist mir doch das alles“. Es dauerte sehr lange, bis Udo Maier, der inzwischen in Untersuchungshaft und bereit war, einige Teilaussagen zu machen. So gab er alle Kellereinbrüche zu, nur diejenige nicht, wobei Menschen zu Tode kamen. Aber man konnte anhand vorgefundener Spuren ihm das alles beweisen. Leugnen hatte keinen Zweck. Für ihn kam es nur darauf an, ob er wegen mehrfachem Mord, Totschlag im Affekt oder wegen Körperverletzung mit Todesfolge angeklagt würde. Nach einer längeren Beratung mit dem Rechtsanwalt entschied er sich zur Aussage zu den drei Todesfällen.

Er sei mit dem Paul Rüdiger zusammen in Stonna im Gefängnis gewesen und hatten vereinbart nach der Haftentlassung wollten sie zusammen auf „Raubzüge“ gehen. Paul war wie er sehr aufbrausend und gewalttätig, vor allem, wenn es nicht nach seinem Kopf ging. Meistens sind sie immer Beide miteinander klargekommen. Paul sollte in sein Heimatort nach der Haft und er nach Wackerstedt entlassen werden. Er wollte auf keinen Fall wieder in diesen Ort und ist nach Hirmsdorf gegangen. Paul war einige Tage vor ihm entlassen worden. Sie sind

Beide dann zurück in die Nähe von Apolda und haben sich da in den Wäldern herumgetrieben. Mit ihm habe er auch nach der Haft die ersten Kellereinbrüche getan. Es war Mitte Juni 1989, da waren sie gemeinsam wieder in einem Neubaublock. Man hatte ausgekundschaftet, hier wohnten alles ältere Leute, die abends nicht mehr draußen umherliefen. Sie hatten bei jemanden in dem oberen Stockwerk geklingelt, die auch den Türöffnen betätigten. So waren sie in das Haus gelangt. Über die Treppe sind sie in den Keller und sahen im Strahl ihrer Taschenlampe einen Keller, der eine feste Tür hatte und gegen Einsicht geschützt war. Sie nahmen an, dahinter gab es bestimmt was zu holen. Er, der Udo hatte einen Schraubenzieher mit rotem Griff und machte sich daran, diese Tür aufzubrechen. Das dauerte dem Paul zu lange. Er wollte ihn wegziehen, was Udo nicht haben wollte. Es kam zu einem Gerangel, wobei er dem Paul fest im Bereich der Oberarme angriff und wegschob. Dann hantierte er mit dem Schraubenzieher weiter an der Tür, dabei drückte Paul auch mit seiner Hand, an der er einen Lederhandschuh trug, gegen die Tür. Weil die Tür nicht nachgab, hatte er dem Udo Vorwürfe gemacht, wurde wütend und schlug auf ihn ein. Er war dabei die Tür mit dem Schraubenzieher aufzuhebeln. Mit der Hand, wo der Schraubenzieher drin war, wollte er ihn zurückstoßen. Bei seiner Drehung zu ihm, kam er ihm auch noch entgegen und so hatte er ihn mit dem Schraubenzieher in Höhe der Brust gestochen. Er hat sich dann der Tür weiter zugewandt und dann sein Nageleisen genommen, was er in seinem umgehängten Beutel hatte. Den Schraubenzieher habe er einfach fallen lassen. Als er die Tür aufhatte, sah er den Paul am Boden liegen, er rührte sich nicht mehr. Er bekam unheimliche Angst und flüchtete sofort. Udo sagte dann weiter aus. Mitte August habe er im Neubaugebiet einen hinteren Eingang sich ausgesucht, indem es sehr ruhig war. Es war an einem Vormittag, etwa nach 10,00 Uhr, als er hier dabei war, einen Keller aufzubrechen. Plötzlich habe ein älterer Herr so um die 50 Jahre neben ihm gestanden. Er hatte ihn nicht kommen hören und er brüllte ihn an, „Was machen sie hier"? Er bekam plötzlich große Angst, der Mann würde ihn der Polizei aushändigen. Er stand auch so vor dem Kellerverschlag, er wäre an ihm nicht vorbeigekommen. Mit dem Nageleisen habe er ihm einen Schlag direkt auf den Kopf gegeben und der Mann wäre sofort umgefallen. Damit war der Weg frei und er konnte fliehen. Das Nageleisen hatte er vorher benutzt, um die Tür zum Kellerverschlag aufzuhebeln. Es lag nicht in seiner Absicht den Mann totzuschlagen.

Im Fall des Herrn Dittrich, dessen Namen er nicht kannte, war er morgens kurz nach 5.00 Uhr in ein Einfamilienhaus am Stadtrand mit Nachschlüssel reingekommen. Der Zugang zum Keller war versperrt. Eine weitere Tür war zwar geschlossen, aber nicht verschlossen. So habe er mit dem Nageleisen versucht die Tür zum Keller aufzubrechen. Er rutschte dabei mehrfach ab, da die Tür wirklich sehr stabil war. Mit großer Anstrengung war es ihm noch gelungen die Tür aufzuhebeln. In diesem Moment hörte er Jemanden die Treppe herunterkommen. Er rannte durch die zweite Tür, die in den Garten führte. Er bemerkte, es war ein Mann unmittelbar hinter ihm, der ihn jederzeit erwischen konnte. Er drehte sich zu ihm um und schlug dreimal mit dem oberen Teil des Nageleisens dem Mann auf den Kopf, der sofort umfiel. Er hatte nie die Absicht, jemanden in dem Haus zu töten, er wollte nur nicht erwischt werden und glaubte sich durch die Schläge auf dem Kopf des Mannes zu befreien und wegzukommen. Das hatte auch geklappt. Direkt in der Nähe des Hauses hatte er den gestohlenen Trabant abgestellt, mit dem er dann geflohen ist. Bei diesem seinem Geständnis gab er auch die PKW-Diebstähle zu. Hier sagte er aber, er hatte nie die Absicht, einen der PKW behalten zu wollen. Mit dem Brandt habe er zwei PKW zusammen aufgebrochen und auch mehrere Kellereinbrüche begangen. So in Halle und in Suhl. Ganz genau wisse er auch nicht mehr alles. Den Trabant habe er in Halle loswerden wollen, da er sehr auffällig war. In der Nähe davon habe er einen alten Skoda aufgebrochen, kurzgeschlossen und damit nach Erfurt gefahren. Der Brandt war da immer dabei, im Auto hatte er seinen Anorak ausgezogen und hatte einen grauen Pullover an. Der Skoda machte unterwegs nur Ärger, deswegen habe man den in einen Feldweg stehen lassen und sie haben sich dann einen gelben PKW Daihatsu genommen. Er hatte sich von Brandt vorübergehend getrennt, und hatte in Trödeln bei Suhl eine Frau kennen gelernt. Diese Frau nahm ihn bei sich auf. Den PKW hatte er vor dem Haus stehen lassen und hatte das Kennzeichen mit Dreck beschmiert. Sie wohnte in der Hauptstraße. Wenn er zu Fuß unterwegs war, hatte er mitbekommen der PKW Daihatsu wurde gesucht und war sehr gut beschrieben. So entschloss er sich, nicht mehr zu der Frau zurück zu kehren und klaute in einem Ort nahe von Trödeln einen VW Käfer. Mit diesem war er nach Leipzig gefahren zu dem Brandt, ihn hatte er das Auto zum Umherfahren überlassen. Er wollte sich dann etwas in Leipzig „umsehen“. Durch Zufall erfuhr er von Brandt und dass sie ihn erwischt hatten. Er wollte gern erfahren, ob er den Unfall überlebt hatte und möglicherweise etwas verraten hätte. Deswegen ging er in die Nähe von Berlin und lernte hier in einer Gaststätte Frau Gerbich kennen, die ihn zu sich mitnahm. Mit ihrem PKW „Mazda“ ist er auch manchmal umhergefahren.

Er behauptete noch, die beiden Frauen hätten von seinen Straftaten nichts gewusst.

Das Ermittlungsverfahren konnte abgeschlossen und an den Staatsanwalt abgegeben werden. Er beantragte beim Gericht die Anklage wegen Mord und anderen Straftaten. Das Gericht setzte einen Termin der Verhandlung vor einem Schwurgericht an. Die Geschworen erkannten in allen Punkten auf schuldig, das Gericht verurteilte ihn auf lebenslängliche Freiheitsstrafe mit anschließender Verwahrung, da er wiederholt schwere Straftaten begangen hatte.

Der Ohren-Dieb

In einer kleinen Thüringer Kreisstadt war eine Polizei – Dienststelle und hier gab es die Kriminalpolizei mit 16 Mitarbeitern. Der Leiter der Kriminalpolizei war Major. Seine Mitarbeiter arbeiteten im Bereich der Fahndung, Kriminaltechnik, Bearbeitung bekannt gewordener Straftäter und die Untersuchung der unbekannten Straftaten. Im Jahr 1987 gab es eine ganze Serie von Wohnungseinbrüchen in dieser Stadt. Nennen wir diese Stadt Abstadt. Die durchgeführten Straftaten wurden teils von den Bürgern angezeigt bzw. die Polizei war auch verpflichtet, Anzeigen aufzunehmen und zu verfolgen, sobald die Straftaten zur Kenntnis der Polizei gelangten. Die meisten solcher Handlungen waren Beleidigungen zwischen den Bürgern oder gegenüber den Staatsangestellten. Des Weiteren gab es alle Arten der Körperverletzungen, wie vorsätzliche, gefährliche, mit Todesfolge sowie die schwere Körperverletzung. Hierbei ist das wichtigste der Schutz der körperlichen Unversehrtheit des Menschen. Eine große Rolle spielte die Beschädigung des persönlichen und des sozialistischen Eigentums, dass unbefugte Benutzen von KFZ (überwiegend von Mopeds), die Eigentumsdelikte wie einfacher und verbrecherischer Diebstahl, der Raub sowie der Hausfriedensbruch. Aber es gab auch Brandstiftungen aller Art und die Verkehrsdelikte. Das sind nicht alle Delikte die zu prüfen und zu bearbeiten waren, aber mit die wichtigsten. An solchen Ereignis–oder Tatorten konnten viele Arten von Spuren gesucht und gefunden werden. Das waren vor allem: Daktyloskopische Spuren, Schuhspuren aller Art, Fußspuren, Handschuhspuren, Glasspuren, Blutspuren, Bissspuren, Werkzeugspuren, Spuren in und an Schlössern, Geruchsspuren, es wurden aber auch Haare, körperliche Ausscheidungen, Speichel und Hautteile gefunden. Die Kriminalpolizei war gegliedert in die Bereiche Kommissariat III - Aufklärung unbekannter und Bearbeitung bekannter Straftaten, das

Kommissariat IV - Spurensuche und -sicherung, das Kommissariat V - Fahndung. Den Mitarbeitern der Kriminalpolizei standen 1 PKW „Wartburg 353" und 2 „Trabant 601" zur Verfügung. Es gab jeden Tag einen 24 Stunden - Dauerdienst für einen Mitarbeiter der von morgens 07.00 Uhr bis zum nächsten Tag 07.00 Uhr andauerte. Dieser Dienst nannte sich Kriminaldienst (K.-Dienst). Er war für jeden Neuanfall der bekannt gewordenen oder der gemeldeten Handlungen bzw. Straftaten zuständig. Andere Mitarbeiter konnten dann noch angefordert werden. Jeder Kriminalist hatte zu Hause einen Festnetzanschluss. Deswegen konnten die Mitarbeiter ihren 24 Stundendienst zu Hause durchführen und hatten den Trabant mit vor der Haustür.

Am Mittwoch, den 13.Mai 1987 gegen 17.15 Uhr teilte Herr Dieter Zaubitzer aus der Engerstrasse 42 mit, er sei soeben nach Hause gekommen und hat feststellen müssen, seine Wohnungstür stand offen. Ihm wurde nur gesagt, er soll bitte nicht rein gehen, wir kommen gleich. Der diensthabende Kriminalist Gerhard Bruder fuhr sofort zu dem Ereignisort. Herr Zaubitzer erwartete ihn vor dem Haus. Es war ein älteres Mehrfamilienhaus mit 3 Etagen. Herr Zaubitzer zeigte ihm seine Wohnung, die in der oberen Etage war.

Die Wohnungstür stand offen. Sie war braun angestrichen und hatte ein einfaches Buntbartschloss, innen angebaut. Herr Bruder packte sofort den Fotoapparat aus und machte vom Treppenhaus her eine Übersichtsaufnahme. Dann befragte er den Mieter, ob er allein in der Wohnung sei. Zaubitzer antwortete, seine Frau Brigitte habe als Verkäuferin bei der HO – Kaufhalle Süd Spätschicht von 13.00 bis 20.00 Uhr, er selbst um 17.00 Uhr von der Arbeit bei UMK nach Hause gekommen. So habe er seine Wohnung vorgefunden. Sein Nachbar unter ihm habe ein Telefon, von da hat er die Polizei angerufen. Er hat die Wohnung nicht betreten und auch die Tür nicht angefasst. Daraufhin packte Herr Bruder seinen Koffer mit dem Spurensicherungsmaterialien aus und hat an der Tür nach Fingerspuren gesucht. An der Türblende fand er welche vor, die er sofort mit den Folien sicherte. Dabei machte er Herrn Zaubitzer darauf aufmerksam, er müsse von ihm und seiner Frau dann Vergleichsabdrücke nehmen und wollte wissen, ob noch andere Personen diese Wohnung sonst betreten. Das verneinte Herr Zaubitzer. Der Kriminalist baute danach das Anbaubuntbartschloss ab und nahm es auseinander. Im Innern des Schlosses stellte er im Schlüsselkreis mehrere Kratzspuren fest, die eindeutig auf ein schließfremdes Werkzeug hinwiesen. Nach seiner Auffassung wurde hier ein Sperrhaken oder ein Dietrich benutzt. Es war ihm klar, ein Sperrhaken konnte auch nur ein krumm gebogener Schraubenzieher sein. Danach leuchtete er mit einer Taschenlampe den Fußboden im Korridor der Wohnung hinter der Tür ab. Hier konnte er im Schein der Lampe den Abdruck einer Schuhsohle erkennen. Er markierte diese Stelle und sicherte sich diese Spur mit einer Folie. Er erkannte im ersten Zimmer gleich nach dem Korridor, es war die Wohnstube, dass an dem Wohnzimmerschrank und an einer Vitrine die Fächer offenstanden. Auf die Frage an den Wohnungsbesitzer, ob darin etwas von Wert war, bejahte das Herr Zaubitzer. Seine Frau hatte im Wohnzimmerschrank eine Schmuckkassette. In ihr bewahrte sie ihren gesamten Schmuck auf, den sie teils von ihrer bereits verstorbenen Mutter und von ihm bekommen hatte. Im Einzelnen müsste sie aber sagen können, was sie alles darin hatte. Er selbst hatte Münzen aus der DDR und aus Polen, Ungarn und der CSSR (Tschechisch Slowakische Sozialistische Republik) gesammelt. Diese hatte er in drei Münzalben im rechten Schrankfach des Schrankes stehen. Sie waren weg. Auf den Verdacht hin, dass der Täter seine Fingerspuren an den Fächern hinterlassen hatte, suchte Bruder alle Fächer nach solchen Spuren ab. Er fand auch viele Teilabdrücke, die er alle sicherte für eventuelle Beweiszwecke.

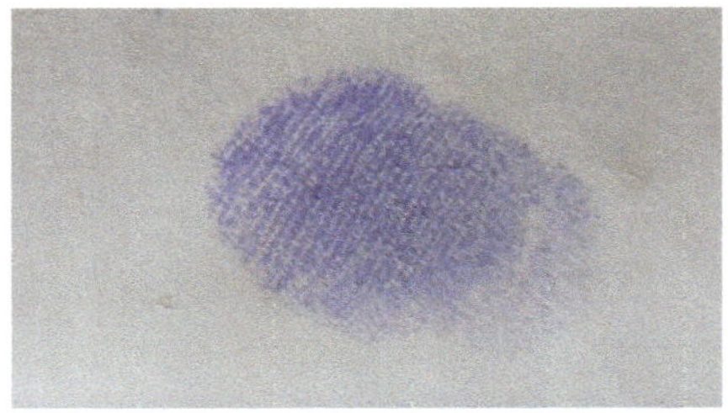

Teilabdruck eines Daumens

In der Schlafstube standen die Türen des großen Schrankes und die Schubfächer der Nachtschränke offen. In Ihrem Nachtschrank hatte sie über Nacht nur ihren Tagesschmuck drin, sonst kann er sich nicht erinnern, ob sie weitere Wertsachen darin hatte. Er hatte seine Privatreserve an Bargeld im Nachtschrank, es waren ca. 120,00 Mark. Herr Bruder bestellte dann Herrn Zaubitzer für den 14.Mai um 11.00 Uhr ins VPKA zwecks Aufnahme einer Anzeige und seine Frau Brigitte sollte schon um 09.00 Uhr da sein zu einer Zeugenvernehmung, bis dahin sollten Beide nachschauen, was alles fehlen würde in der Wohnung. Bevor Herr Bruder ging, baute er noch das Schloss wieder zusammen und an die Tür an. Da Familie Zaubitzer allein in der 3. Etage wohnte, ging er in die zweite und befragte die Bewohner hier. Doch beide Familien, Lampe und Schuster, ältere Personen um die 70 Jahre, hatten nichts gehört und gesehen. Familie Lampe erfuhr von dem Einbruch, weil Herr Zaubitzer von ihrem Telefon die Polizei anrief. Herr Lampe schrieb sich aber deren Namen auf für die Protokollierung seiner Befragungen. In der ersten Etage war Niemand anwesend. Ihre Namen waren Familie Grunwald und Schikara. Jetzt schaute er sich die Haustür an. Hier war an der Tür eine Klinke und das Einsteckschloss hatte eine FRIPA Einbausicherung. Es war am Schloss nicht zu erkennen, dass es nachgeschlossen wurde. Er fuhr dann zurück und fertigte den Spurensicherungsbericht und den Tatortbefundbericht an. Für ihn war es auch

Zeit; denn es war schon fast 19.00 Uhr geworden. Er fuhr nach Hause. Seine Frau wartete mit dem Abendbrot schon auf ihn. Er erzählte ihr von diesem Diebstahl und sagte ihr:" Man kann nicht genug tun, um die Sicherheit seines Heimes zu gewähren". Beim Fernsehen fiel ihm noch ein, er hatte das Protokoll über die Befragung der Hausbewohner nicht erledigt. Am nächsten Morgen fuhr er schon vor 7.00 Uhr in sein Büro und erledigte das Protokoll. Genau 09.00 Uhr kam Frau Brigitte Zaubitzer zur Vernehmung. Sie sagte, ihre Schmuckkassette ist weg, darin waren 2 goldene Ketten 333 Gold, von ihrer Mutter ein Goldene Brosche mit Anstecknadel 585 er Gold, vier goldene Ringe, sehr alt und 18 Karat Gold, von ihrem Mann hatte sie noch 1 Siegelring- Silber und zwei Krawattennadeln drin. Zu der Münzsammlung ihres Mannes sagte sie, sie weiß, dass die Alben im Wohnzimmerschrank standen, aber über deren Wert kann sie nichts sagen. Kinder haben sie nicht und die Verwandten wie Schwager, Schwägerin, Nichten und Neffen kommen nur zu Geburtstagen und zum Jahreswechsel. Den Wert der Kassette schätze sie auf etwa 800,00 Mark. Gegen 11.00 Uhr kam Herr Zaubitzer. Von ihm nahm Herr Bruder eine Anzeige auf wegen Diebstahl persönlichen Eigentums nach § 177 StGB. Zum Schaden konnte er nicht viel sagen. In seinen Alben hatte er überwiegend 5,00 und 10,00 Mark Stücken, die Sonderausgaben der DDR waren, es könnten von jedem 10 bis 15 Stück gewesen sein. Die anderen Münzen aus den sozialistischen Ländern waren Geldstücke, die er von Reisen mit seiner Frau von dort mitgebracht hatte. Für ihn selbst stellten sie schon einen gewissen Wert dar. Er schätzte den gesamten Wert der Münzen auf etwa 500,00 Mark. Die Tatzeit konnte sich nur von 12.30 Uhr, da verließ seine Frau die Wohnung, bis gegen 17.00 Uhr erstrecken, die Zeit, als er von der Arbeit nach Hause gekommen ist. Von seiner Sammelleidenschaft wissen nur die Kollegen in seiner Schicht beim UMK (Uhren Maschinen Kombinat). Natürlich kamen auch seine Verwandten, die zu Feiern ab und zu mal zu Besuch kommen. Das einzige was er jetzt tun würde, in seine Wohnungstür ein ordentliches Sicherheitsschloss einbauen. Am nächsten Tag fuhr Herr Bruder nochmal in das Haus und traf die Familien Grunwald und Schikara an. Beide Familien sind miteinander verwandt und waren während der in Frage kommenden Tatzeit in Eisenach auf der Wartburg und konnten somit auch nichts sagen. Über die anderen Hausbewohner äußerten sie sich nur gut. Fremde Personen kämen nur selten ins Haus, es sind meist die Kinder der Leute in der zweiten Etage.

Herr Bruder sandte die gesicherten Daktyloskopischen Spuren mit dem Vergleichsmaterial des Ehepaars Zaubitzer in das kriminalistische Institut zur Auswertung. Vorher hatte er die Folien genau beschriftet, wo er diese in der Wohnung gesichert hatte.

Im Monat Juni waren die Kollegen des Kommissariats III mit der Klärung einer Anzeige des Arbeitsamtes voll beschäftigt. Hier wurde der Verdacht geäußert, eine Frau von etwa 27 Jahren würde keiner Arbeit nachgehen, sich prostituieren, ihren Freiern das Geld entwenden und auch ihre Großmutter bestehlen. Diese Dinge, die ihr zur Last gelegt wurden, konnten alle Beweismäßig aufgearbeitet werden. Bei der Beschuldigtenvernehmung gab sie diese Handlungsweisen zu und das Gericht erließ Haftbefehl gegen sie. Bevor sie in das Untersuchungsgefängnis gebracht wurde, bat sie nochmal nach Hause zu gehen, sie müsste sich frische Unterwäsche anziehen. Das wurde genehmigt und 2 Kriminalisten brachten sie in ihre Wohnung in einem Altbau im dritten Stock. Gleich in der ersten Stube hing über einem Stuhl ein bereits getragener Schlüpfer, die Kriminalisten sahen, dass der Zwickel zusammengedrückt war und sehr hart erschien. Damit ging sie in einen Nebenraum und kam nach 2 min zurück. Fertig zum Abmarsch. Zurück zu der Polizeidienststelle, kurz darauf wurde sie von einem Fahrzeug und 2 Mitarbeitern der UHA (Untersuchungshaftanstalt) abgeholt. Schon nach 14 Tagen stand sie vor der Tür ihres vormaligen

Vernehmers, klopfte an, kam herein, hatte einen Blumenstrauß bei sich, gab diesem den Kriminalisten und sagte:" Danke, Sie haben mich wieder rausgelassen, wenn sie mal wollen, können sie jederzeit zu mir kommen". Der Kriminalist war daran unschuldig, die Haftentlassung hatte das Gericht veranlasst.

Am Dienstag, den 21.07.1987 erschien der Bürger Frank Richter um 09.30 Uhr auf dem Polizeirevier und erstattete Anzeige wegen Wohnungseinbruch in seine Wohnung in der Heinrich-Bau-Straße 12. Seine Frau Renate ist zu Hause und würde in der Zeit auf die Wohnung aufpassen. Sie waren beide auf der Krim im Urlaub 14 Tage und kamen gegen 09.00 Uhr in der Wohnung an und sahen die angelehnte aufgebrochene Tür. Sie haben die Koffer im Treppenhaus stehen lassen und er sei sofort zur Polizei.

Der K.-Dienst Leutnant Dieter Moesezahl fuhr mit dem Bürger sofort zu diesem Grundstück und der Herr Richter nahm ihn mit zu seiner Wohnung. In diesem Haus, ein Neubaublock der 60ziger Jahre. Hier war in der Haustür ein Sicherheitsschloss, aber sie war unverschlossen, im Haus wohnten im ersten Eingang insgesamt vier Familien. Familie Richter wohnte im oberen Stock. Schon von der oberen Treppe aus sah er die beschädigte weiße Wohnungstür, die nur angelehnt war und nicht mehr zum verschließen ging. Er packte sofort seine Kamera und das Spurensicherungsbesteck aus, machte einige Fotos von der vorgefundenen Tür. Danach pinselte er die Tür ab, in der Hoffnung hier Fingerabdrücke zu finden. Tatsächlich fand er etliche Abdrücke, vor allem meist Teil Abdrücke einer Hand und einzelne Fingerspuren. Im oberen Bereich hat er zufällig ebenfalls mit dem Pinsel und dem Sicherungspulver über die Tür gewischt und siehe, hier kam auf einmal ein seltsames Muster zum Vorschein. Bei genauerer Betrachtung erwies es sich als der Abdruck eines Ohres. Mit dem Maßstab wurde die Höhe des Abdruckes an der Tür gemessen. Es waren bis zur Mitte der Ohrmuschel genau 1,71 cm. Das wurde auch erst fotografisch gesichert, dann wurde der Abdruck mit der Folie von der Tür abgenommen. Er beschriftete die Folie mit den Angaben des Fundortes.

Jetzt erst schaute er sich die Tür im Bereich des Schlosses an. Es war ein Einsteckschloss für die Aufnahme eines Schließzylinders, der auch eingebaut war. In der Höhe des Schlosses waren an der Kante der Tür und an dem Türrahmen eindeutig Spuren eines Werkzeuges zu erkennen, mit dem die Tür aufgehebelt wurde. Auch das wurde fotografiert. Im Korridor der Wohnung sah man ein Sohlenmuster eines Sportschuhs. Das konnte er auch sichern. In der Wohnstube waren einige Fächer geöffnet worden und der Inhalt lag auf dem Boden. Hier suchte Herr Moesezahl ebenfalls nach Spuren und fand auch einige wenige daktyloskopische Abdrücke. Trotz umfangreicher weiterer Suche, gab es keine Hinweise mehr. Erst dann bat er das Ehepaar in die Wohnung und sollten schauen, ob Gegenstände fehlten. Nach kurzem Überblick erklärten Beide, es fehle eine goldfarbene Damenarmbanduhr, eine Taschenuhr, ein Stern-Kofferradio und diverser Schmuck. Zum Glück hatten sie das meiste mit in den Urlaub genommen. Beide wurden für den nächsten Tag zur Kriminalpolizei zwecks Anzeigenaufnahme und Zeugenvernehmung einbestellt. Bis dahin sollten sie sich in Ruhe in der Wohnung umsehen, ob noch mehr fehlt. Kriminalist Moesezahl klingelte dann in der gegenüberliegenden Wohnung, da sich keiner meldete, erfuhr er im Erdgeschoß von dem Ehepaar Meißner, das die Leute oben auch im Urlaub wären. Meißners sind Rentner und hören Beide schlecht. Sie haben nichts mitbekommen. Zur Haustür sagten sie, diese stände tagsüber immer offen und würde nur abends gegen 22.00 Uhr abgeschlossen. Ihnen gegenüber wohnt ein Ehepaar, beide um die 40 Jahre, die auch im Urlaub waren. Das Ehepaar Richter sollte am nächsten Tag morgens um 09.00 Uhr zur Dienststelle kommen.

Am nächsten Tag war das Ehepaar Richter pünktlich. Sie konnten die Tatzeit nicht weiter eingrenzen, da sie ja 14 Tage im Urlaub waren seit dem 07.07.87. Die Anzeige wurde wegen verbrecherischen Diebstahl nach § 181 StGB aufgenommen. Die Ehefrau konnte auch keine weiteren Angaben zum Diebesgut machen und Beide vertraten die Meinung, die Uhren wären aus 585 er Gold und der Gesamtschaden wurde ca. 2500,00 Mark betragen.

Zwei Tage später erstatteten 2 Schutzpolizisten eine Anzeige gegen der Bürger Schröder, Hans wegen Widerstand gegen staatliche Maßnahmen nach § 212 StGB. Die Mutter des Schröder hatte bei der Polizei angerufen und um Hilfe gebeten. Ihr 23jähriger Sohn Hans würde sie in ihrer Wohnung in der Promenadenstr. 59 schlagen. Der diensthabende Offizier schickte die beiden Schutzpolizisten Ehrlicher und Schauer sofort zur Klärung dorthin. Sie trafen den Schröder noch an, der gerade wieder auf die Mutter einschlug. Sie nahmen ihn vorläufig fest und forderten ihn auf mit zur Polizeidienststelle zu kommen. Was er auch sofort tat. Die Wohnung befand sich in einem Altbau im zweiten Stock, sie nahmen den Festgenommenen in die Mitte und so ging es hintereinander die Treppen hinunter. Plötzlich ging mitten auf der Treppe das Licht aus. Man sah nichts mehr. Der voraus gehende Schauer bekam einen kräftigen Stoß in den Rücken und stürzte acht Stufen hinunter. Der Festgenommene lief davon. Der gestürzte Polizist hatte sich den linken Arm gebrochen und das rechte Bein im Bereich des Unterschenkels. Der Geflüchtete konnte dann nach 45 min wieder gestellt werden und kam in eine Zelle. Er gab am nächsten Tag die Handlung zu, entschuldigte sich auch und dass gegen ihn eingeleitete Ermittlungsverfahren konnte an den Staatsanwalt abgegeben werden.

In der Zwischenzeit wurden die Nachbarn der Familie Richter in den Nachbarhäusern angetroffen. Die Familie Breyer teilte der Polizei mit, dass sie am Samstagabend, den 18.Juli gegen 13.00 Uhr einen jungen Mann gesehen hatten, der sehr schlank war und höchstens 20 Jahre alt und bei ihnen geklingelt hätte. Sie haben aber die Haustür nicht geöffnet. Er ist dann zum Nebenhaus gegangen. Weiter haben sie ihn nicht beobachten können.

Am Freitag, den 14. August rief der Bürger Lars Rindel um 18.30 Uhr über die Notrufnummer 110 von einer öffentlichen Telefonzelle aus an und teilte mit, er sei soeben mit seiner Frau zusammen nach Hause von der Arbeit gekommen und habe feststellen müssen, seine Wohnung in der Werner-Binder-Straße 63 ist aufgebrochen worden. Seine Frau ist zu Hause geblieben und passt auf, er ruft hier aus der Telefonzelle in der Klaus-Zimmer-Straße an. An diesem Tag hatte Leutnant Hitzinger K.-Dienst. Er begab sich mit der Ausrüstung und mit dem PKW Wartburg sofort in die Werner-Binder-Straße. Herr Rindel wartete auf ihn vor der Haustür. Schon beim Betreten des Neubaublocks konnte der Kriminalist erkennen, in der Haustür war ein einfaches Buntbartschloss drin. Eine Klinke war nicht vorhanden, nur ein runder Knauf. Das bedeutete, wer hier rein wollte, konnte die Haustür nur mit einem Buntbartschlüssel öffnen, oder wer böse Absichten hatte, mit einem Nachschlüssel. Das Ehepaar Rindel bewohnte eine Dreiraumwohnung in dem zweiten Stock. Der Kriminalist konnte schon vor dem Haus erkennen, hier wohnten insgesamt 6 Familien im Haus. Auf den 6 Klingeln vor der Haustür standen überall Namen darauf. Im 2. Stock angekommen, stand die Frau Rindel im Treppenhaus vor ihrer Wohnungstür. Diese stand auf und man konnte sofort erkennen, sie war in der Höhe des Schlosses beschädigt und der Riegel des Schlosses war verbogen. An dem Türrahmen konnte man ebenfalls Beschädigungen erkennen. Sofort wurde die Kamera ausgepackt und Fotos aufgenommen von der vorgefundenen Situation. Bei der Eingangstür zur Wohnung handelte es sich um eine feste Holztür, die von beiden Seiten weiß gestrichen und nicht rau war. Er nahm mit Hilfe von Knetmasse die Spuren im Bereich des Schlosses und des Rahmens ab. Für ihn war es erkennbar, die Tür wurde mit einem Werkzeug, vermutlich eines breiten Stemmeisens gewaltsam geöffnet. Das Stemmeisen könnte 2,5 cm breit gewesen sein. Danach suchte er am Türblatt nach Fingerspuren. Er fand auch welche im Umkreis des eingebauten

Schlosses. Das ein Zylinderschloss aufwies. Auf Grund der Erzählung des Herrn Moesezahl suchte er auch im oberen Bereich der Tür nach Spuren. Tatsächlich fand er wieder einen Ohrenabdruck. Alle gefundenen Spuren wurden gesichert mit Folien, die er auch beschriftete, wo er sie abgenommen hatte. Dann schaute er sich den Ohrabdruck genauer an und erkannte, es muss eine linke Ohrmuschel eines Menschen sein. Diese befand sich wieder in Höhe von genau 1,71 m.

Dem Ehepaar Rindel erklärte er, sie müssen zum Vergleich auch ihre Fingerabdrücke nehmen lassen. Nur so könne man herausfinden, welche dem vermutlichen Täter zuzuordnen sind. Im Korridor der Wohnung lag ein Teppichläufer, auf dem man nichts erkennen konnte. Vom Korridor aus ging es genau in die Küche der Wohnung. Hier war alles noch in Ordnung. Rechts war vor der Küche die Schlafstube des Ehepaares. Hier waren auch sämtliche Behältnisse offen und der Inhalt in der Stube verstreut. Herr Hitzinger fand hier mehrere Teilabdrücke einer Hand, die er alle mit den mitgebrachten Folien sichern konnte. Links des Ganges war die Wohnstube, auch hier standen alle Schränke auf. Die Suche nach Spuren nahm eine gewisse Zeit in Anspruch, aber es lohnte sich. Er hatte mehrere Fingerabdrücke gefunden, die sich auf dem ersten Blick ähnelten und er konnte annehmen, hier war nur ein Täter aktiv. In allen Räumen waren Teppiche ausgelegt, nur in der Küche war ein Linoleumbelag. Auf ihm konnte er einen Schuhabdruck eines Turnschuhs erkennen und abfotografieren. Neben der Küche ging es in eine Stube, die als Abstellraum benutzt wurde. Hier konnte der Kriminalist nicht erkennen, dass der Täter hier etwas gesucht habe.

Eindeutig hat der Täter nach Geld, Schmuck und andere Wertsachen gesucht. Hier fand der Kriminalist daktyloskopische Spuren, die den anderen glichen.

Im Bad stand der Spiegelschrank offen. Hier waren ebenfalls Fingerspuren, die er sichern konnte. Nachdem Herr Hitzinger diese Tatortarbeit beendet hatte, bat er Familie Rindel nachzuschauen, was gestohlen wurde. Nach dem Verschaffen eines Überblicks teilten sie mit, es fehle eine Armbanduhr von Glashütte im Wert von 420,00 Mark, mehrere Halsketten aus 333 Gold, Schätzwert ca. 400,00 Mark, Bargeld aus dem Wohnzimmerschrankteil links in Höhe von 240,00 Mark. Im Küchenschrank lag eine Vollmilchschokolade, die angebissen war. Das wären sie nicht gewesen. So sicherte Herr Hitzinger die Schokolade, da man die Bissstellen erkennen konnte und ein Teil des Gebisses des Täters sichern kann. Anschließend befragte er die Hausmitbewohner und notierte sich deren Namen. Konkrete Hinweise konnte keiner geben, da alle Personen jüngere Leute waren, die tagsüber der Arbeit nachgingen. Bevor Herr Hitzinger wieder ging, bestellte er Familie Rindel für den nächsten Tag zur Kriminalpolizei wegen Vergleichsabdrücken und zur Zeugenvernehmung. Er selbst baute dann erst noch das Schloss an der Haustür aus und schaute sich das Innere des Schlosses an. Hier waren wieder im Schlüsselkreis Kratzspuren zu erkennen, die er abfotografierte. Zurück in seinem Büro fertigte er die erforderlichen Unterlagen an und nahm eine Anzeige wegen Wohnungseinbruch nach § 181 StGB auf. Die gesicherten Spuren und den Farbfilm mit den Aufnahmen übergab er am nächsten Tag der Kriminaltechnik zur Auswertung. Der Kriminaltechniker konnte selbst nicht alle Spuren auswerten und schickte dann diese mit dem belichteten Film zur Auswertung in das kriminalistische Labor nach Erfurt.

Herr und Frau Rindel kamen pünktlich am nächsten Tag in die Dienststelle und wurden zur Sache als Zeugen vernommen. Sie sagten Beide aus, sie seien morgens gegen 10.00 Uhr zusammen zu ihrem Betrieb, dem VEB Total gegangen, hatten die Wohnung ordentlich und sauber verlassen und auch abgeschlossen. Damit stand fest, die in Frage kommende Tatzeit war am Freitag, den 14.08.87 von 10.00 bis 18.15 Uhr.

In der Dienstbesprechung beim Leiter des Kommissariats Hauptmann Heinz Busch wurde festgelegt, das Ehepaar Breyer sollte vorgeladen werden. Mit ihnen sollte nach deren Angaben von der Person, den sie am 18.07. gegen 13.00 Uhr vor ihrem Hauseingang gesehen hatten, ein Identikit Bild (Phantombild) gefertigt werden.

Des weiteren sollten die zuständigen Stadtbezirkspolizisten über die möglichen Tatzeiten, tags zwischen 09.00 Uhr bis 18.00 Uhr, informiert werden, um auf Personen zu achten, die dem Phantombild ähnlich sind und die Personalien von solchen Personen feststellen. Eine solche Aufgabe wurde auch an die anderen operativen Kräfte der Polizei, wie die Schutz- und Verkehrspolizei gestellt. Zu dem Phantombild wurde auch die Information herausgegeben, der Täter könnte 1,80 bis 1,85 m groß sein. Diese Größe hatte man errechnet, aus dem vorgefundenen Ohrenabdruck.

Am Donnerstag, den 08. September 1987 wurde der Polizei um 16.40 Uhr durch Herrn Josef Brantl wohnhaft in der Schülerstrasse 6 mitgeteilt, in ihrer Wohnung wäre eine Person gewesen. Hier begab sich der K.-Dienst Peter Neusüßer mit den Spurensicherungsmaterial und der Fotoausrüstung unverzüglich mit PKW zu diesem neuen Tatort. Hier wurde er von dem Ehepaar Brantl empfangen. Es war wiederum ein Neubaublock mit zwei Eingängen und 12 Familien darin. Familie Brantl wohnte in der zweiten Etage im ersten Eingang.

Sie erzählten ganz aufgeregt, sie sind heute gegen 16.30 Uhr von einer Reise durch den Harz zurückgekommen. Als sie ihre Wohnungstür aufschließen wollten ging die Tür auf. Ihnen ist aus ihrer Wohnung ein junger Mann entgegengekommen. Er hatte ihnen erzählt, er sei Werber für eine Zeitung und sei hier in dem zweiten Stock gewesen und die Tür zu dieser Wohnung habe offen gestanden. Er hatte öfter Hallo gerufen und wäre dann in die Wohnung reingetreten. Plötzlich sei die Tür zugegangen vermutlich wegen eines Luftzuges, er wollte gerade wieder rausgehen, da hörte er Schlüssel klappern, habe die Tür geöffnet und wir haben ihm gegenübergestanden. Er hatte das gerade gesagt und ist ganz schnell die Treppe nach unten gerannt. Bevor sie das alles verkraftet hatten, war der Mann weg. Auf Grund ihrer Schilderung forderte Herr Neusüßer einen Fährtenhund mit Führer an und zwei Schutzpolizisten. Sie sollten zur Sicherheit den Fährtenhundeführer begleiten. Sie kamen auch gleich und der Hund nahm von der Wohnung aus, die Spur des Täters auf. Der Hund fand auch die richtige Spur und verfolgte diese bis zu einem Parkplatz, dort legte sich der Hund hin. Das bedeutete, hier muss der Täter mit einem Fahrrad, Moped, Motorrad oder PKW weggefahren sein.

Nach der bisherigen Schilderung der Eheleute Brantl sind sie nicht in die Wohnung rein. Sie dachten, hier stimmt was nicht. Das war bestimmt ein Einbrecher und deswegen haben sie die Polizei benachrichtigt. Herr Neusüßer packte seine Ausrüstung aus, machte Fotoaufnahmen und begann weitere Spuren an der Tür zu suchen. Er fand im Türschlossbereich mehrere Abdrücke von Fingerspuren. Im oberen Bereich der Tür konnte er den Abdruck eines linken Ohres sichtbar machen. Der Abdruck war genau wie bei den beiden vorangegangenen Einbrüchen in der Höhe von 1,71 m. Danach nahm er sich das Einsteckschloss vor. Beim Betrachten des Schlosses war zu erkennen, hier war eine FRIPA – Einbausicherung darin. Darin steckte in der Schlüsselaufnahme ein Stück, das abgebrochen wurde. Beim herausziehen dieses Teiles, konnte er erkennen, es war ein Teil eines Plastestücks, welches angeschmort war. Vermutlich hatte der Täter mit einem runden schmalen Stück Plaste das Schloss geöffnet. Nach den Brandresten konnte man vermuten, der Täter hat mit Streichhölzern oder Feuerzeug die Plaste schmoren lassen und das Teil halb flüssig in das Schlüsselloch gedrückt. Dann gewartet bis es erkaltet war und so die Tür aufgeschlossen. Da er anscheinend dieses Teil nicht mehr aus dem Schloss herausbekam, brach er es einfach ab. Im Innern der Wohnung war Ordnung. Familie Brantl konnte aber erkennen, es fehlten 300,00 Mark, die sie in einem kleinen Krug im Küchenschrank liegen hatte. Herr Neusüßer bestellte das Ehepaar für den nächsten morgen um 10.00 Uhr zu sich ins Büro. Er wollte mit Ihnen eine Zeugenvernehmung zur Sache durchführen. So geschah es. Ihnen wurde das Identikit Bild eines jungen Mannes vorgelegt, der bei der Familie Breyer am 18.Juli geklingelt hatte. Als das Ehepaar das Bild sahen, sagten sie wie aus einem Mund, das ist der, der in unserer Wohnung war. Auch ihre Beschreibung wich kaum von denen der Familie Breyer ab. Jetzt wurde der Bereich Pass – und Meldewesen mit einbezogen. Sie führte die Lichtbild- Datei über alle Einwohner des Kreises. Sie wurden beauftragt ihre Kartei nach diesem Mann zu durchforsten.

In der Zwischenzeit haben andere Kriminalisten im Bereich des Parkplatzes, wo der Hund die Fährte verloren hatte, die Anwohner und Personen befragt. Dabei hat man ihnen das Phantombild gezeigt, ob sie diese Person gesehen oder wegfahren sahen. Leider haben sie keine positiven Hinweise erhalten. Alle Dienstbereiche wurden noch einmal eindringlich auf das Täterprofil geschärft und sollten jede Gelegenheit nutzen, um mit den Bürgern zu sprechen.

Am Donnerstag, den 24. September 1987 gegen 17.45 Uhr erschien auf der Wache des Polizeireviers der Bürger Jan Trautermann und zeigte einen Einbruch in seine Wohnung in der Otto- Girke-Str. 83, mittlerer Eingang im dritten Stock unter dem Dach an. Er sei um 17.30 Uhr aus dem Cafe am Marktplatz nach Hause gekommen und fand seine Wohnungstür offen vor. An diesem Tag hatte der Leutnant Florian Haubner K.-Dienst, der sofort mit dem Bürger zu dessen Wohnung fuhr. Er fand die Haustür zu diesem Eingang weit offenstehend vor. Dazu sagte der Trautermann, das wäre tagsüber hier so Gewohnheit. Wie immer wurden Fotoaufnahmen von der Tatortsituation gefertigt und mit der Suche nach Spuren begonnen. Zuerst an der Wohnungseingangstür, die auch weiß war. Die Tür hatte im Schloss ein Buntbartschloss. Nach Angabe des Trautermann hatte er in der Schlüsselaufnahme eine sogenannte Schlüssellochsicherung drin. Das machte er nur, wenn er die Wohnung für längere Zeit verlässt. Da die Sicherung noch im Schlüsselloch war, hatte der Täter die Tür aufgebrochen. Nach den Spuren war das mittels eines Stemmeisens. Herr Trautermann ist geschieden, hat keine Kinder und wohnt allein in der Wohnung. In dieser waren in der Wohnstube und in der Schlafstube auch alle Fächer und Türen offen und deren Inhalt lag auf dem Fußboden. Hier fand Herr Haubner überall Daktyspuren und sicherte sie als Beweismittel. Herr Trautermann konnte nach Besichtigung seiner Wohnung aussagen, ihm fehle 300,00 Mark Bargeld, die er im Wohnzimmerschrank in einem Milchkännchen versteckt hatte, dann mehrere Goldmünzen, die er bei seiner Bank gekauft hatte und eine Reiseschreibmaschine. Den Wert dieser Gegenstände gab er mit rund 1000,00 Mark an. Für den nächsten Tag sollte er gegen 15.00 Uhr zur Polizeidienststelle kommen wegen einer Zeugenvernehmung und Abnahme von Fingerabdrücken für Vergleichszwecke. Im Anschluss befragte Herr Haubner alle anderen Hausbewohner, dabei zeigt er ihnen auch das sogenannte Täterporträt, das Phantombild. Die Rentnerin Frau Heike Schuster war gegen 15.15 Uhr vom Einkaufen zurück und habe vor dem Haus einen jungen Mann stehen sehen, der sah so aus wie hier auf diesem Bild. Sie kannte ihn aber nicht und er wohne auf keinen Fall hier im Haus, auch nicht in der Nachbarschaft.

In dieser Zeit hatte der Bereich Pass -und Meldewesen einen großen Teil der Meldebögen der Einwohner des Kreises durchgesehen und fünf junge Männer herausgesucht, die annähernd zu dem Phantombild passen könnten. Diese waren Marian Schlacken, Hans-Peter Gerstdörfer, Lukas Kretschmer, Alexander Schimmel und Jerry Janker. Auf diesen Meldebögen waren ja alle erforderlichen Angaben zur Wohnanschrift und Geburt verzeichnet.

Genau zu dieser Zeit teilte das kriminalistische Institut in der Bezirkshauptstadt mit, dass die meisten eingesandten Fingerabdrücke von den Berechtigten sind. Alle anderen könnten von dem Täter sein, sind aber als Beweis nicht geeignet. Dagegen bei den Abdruckspuren der Schuhe handelt es sich eindeutig um ZEHA Schuhe „Rekord“ der Farbe weiß mit roten Schnürbändern und roten Streifen. Zu den gesicherten Ohrenabdrücken wurde informiert, diese sind sehr gut auswertbar und sie gehören nur zu einer Person. Bei den Ohren ist es wie bei den Fingerabdrücken, sie sind einmalig und kommen bei keinem anderen Menschen mehr vor. Diese fünf jungen Männer wurden zu einer Zeugenvernehmung vorgeladen. Vier dieser Personen kamen der Aufforderung nach, es handelte sich hierbei um die Alexander Schimmel, Jerry Janker, Lukas Kretschmer und Marian Schlacken. Sie wurden zu ihren Alibis befragt und konnten alle vier nachweisen, dass sie zu den fraglichen Tatzeiten Zeugen aufbrachten, die ihre Abwesenheit bestätigten. Auch ihr linkes Ohr wurde mit ihrer Zustimmung beweismäßig gesichert und konnte ausgeschieden werden. Bereitwillig zeigten sie auch ihre gesamten Schuhe vor. Das gesuchte Paar war nicht dabei. Hans-Peter Gerstdörfer kam der Vorladung zur Befragung nicht nach. So wurden durch Ermittlungen zu ihm im engeren Umkreis in Erfahrung gebracht, er sei im Besitz der gesuchten Schuhe, die er ständig trug, wenn er unterwegs war. Das konnte durch seine Beobachtung bestätigt werden und so leitete der Leiter der Kriminalpolizei gegen ihn ein Ermittlungsverfahren wegen verbrecherischen Diebstahls zum Nachteil des persönlichen Eigentums ein. Durch die Kriminalisten Fred Lampe und Karsten Planert wurden vier Mitarbeiter der Schutzpolizei mit hinzugezogen. Da in allen diesen Wohnungsdiebstählen der Abdruck eines Linken Ohres gesichert werden konnte, hatte man Berechnungen angestellt, wie groß der Täter mit Sportschuhen sein müsste. Er sollte in etwa 1,80 – 1,82 m groß sein. Am Dienstag, den 06. Oktober 1987 wurde diese Person vorläufig festgenommen, wegen des Verdachts des verbrecherischen Diebstahls. Der Festnahme versuchte er sich durch Flucht zu entziehen, was durch die Umstellung des Hauses, indem er wohnte, verhindert wurde. Er trug an diesem Tag auch die Sportschuhe und es bewahrheitete sich, es waren die Sohlen dieser Schuhe, die an den Tatorten vorgefunden wurden. Von seinem linken Ohr wurde ein Abdruck gefertigt und zum Vergleich mit den gesicherten Spuren eingeschickt. Es wurde um schnelle Bearbeitung und Beweisführung gebeten. Bei seiner kriminalistischen Registrierung wurden nicht nur seine Fingerspuren abgenommen, auch seine Größe wurde festgestellt. Er war 22 Jahre alt und genau 1,80 m groß. Auch ein Zahnarzt wurde hinzugezogen, der auch eindeutig die Bissspuren in der Schokolade mit dem des Gerstdörfers verglich und feststellte, sie waren von ihm hinterlassen worden. Man fuhr mit ihm zum letzten Tatort und er musste sich an die Tür stellen, auch hier war es klar, er hatte die linke Ohrmuschel an die Tür gedrückt. Somit stand ganz sicher fest, es war seine typische Arbeitsweise. Bevor er sich entschlossen hatte, in die Wohnungen einzudringen, hörte er an der Tür, ob in den Wohnungen Personen anwesend sind. Der Gerstdörfer blieb vorläufig festgenommen und kam in Polizeigewahrsam. Auf Antrag des Staatsanwaltes wurde gegen ihn Haftbefehl erlassen und er kam in die Untersuchungshaftanstalt. Nach weiteren drei Tagen kam es schwarz auf weiß als Nachricht vom kriminalistischen Institut, der Gerstdörfer war der Täter. Es gab Übereinstimmung mit allen gesicherten Spuren, sie waren von Gerstdörfer hinterlassen worden. Darüber waren sich die Kriminalisten schon sehr sicher, als sie seinen Ohrabdruck nahmen. Er bestritt jede Handlung und so mussten Beweise da sein, die ihm die Schuld bewiesen. Bei der durchgeführten Durchsuchung seiner Wohnung wurden zwei Schlüsselringe mit Sperrhaken, Dietriche und Buntbartschlüssel gefunden. Der Vergleich mit den Sperrhaken ergab auch, es wurde der Sperrhaken dabei herausgefunden, der die Kratzer in den Buntbartschlössern hinterlassen hatte. Der Vorgang wurde abgeschlossen und an die Staatsanwaltschaft übergeben, der bei Gericht die Eröffnung des Gerichtsverfahrens beantragte. Er wurde zu 4 Jahren und 3 Monaten Freiheitsstrafe verurteilt und hatte sich nach der Haftentlassung wöchentlich einmal bei der Polizei zu melden.

Das Verbrecher-Quintett

Hinweis: Alle angeführten Straftaten sind tatsächlich ausgeführt worden, jedoch sind die Orte, Straßen, die Geschädigten, die Angehörigen der Polizei und die Straftäter alles Fantasienamen.

In einer Kreisstadt im Norden von Thüringen wurden sehr viele Wohnungseinbrüche in dem Jahr 1985 / 1986 durchgeführt. Schon nach den ersten drei Einbrüchen in einen PKW und in den Neubauwohnungen erkannten die Kriminalisten, hier bildete sich ein Schwerpunkt der Kriminalität heraus. Der Leiter der Polizei – Dienststelle hat auf Vorschlag des Leiters der Kriminalpolizei sofort die Gründung einer Sonderkommission befohlen, die aus fünf Kriminalisten und vier Schutzpolizisten bestand. Zugleich wurden alle operativen Kräfte der Dienststelle auf die Straftaten orientiert und sie angewiesen, verstärkt in den drei Neubaugebieten auf Personen zu achten, die da eigentlich nichts zu suchen hatten. Man erkannte auch, unter den Bewohnern in der Stadt machte sich Unruhe breit, vor allem die in diesen Neubaugebieten wohnten. Nun aber der Reihe nach:

Es begann alles am Mittwoch, den 15. Mai 1985. Herr Dieter Tittel hatte seinen PKW „ Moskwitsch 485“ vor dem Hotel „Beluga“ abg22.30estellt gegen 22.30 Uhr und hatte sich hier bis gegen 01.00 Uhr aufgehalten. Als er danach aus dem Hotel zu seinem PKW ging, um das Geld aus dem Handschuhfach zu holen, musste er feststellen, die rechte Seitenscheibe der Beifahrertür war eingeschlagen und die Scherben lagen überwiegend im Innern des Fahrzeuges. Das Handschuhfach war aufgeklappt und leer. Er hatte darin zwei Plastebeutel liegen mit insgesamt 14.000,00 Mark. Der Eigentümer kam aus der Nähe von Nordstadt und wollte sich hier in der Stadt einen anderen PKW kaufen. Bei dieser Fahrt war auch seine Ehefrau Marga dabei.

Vom Hotel aus rief er die Polizei an, die auch sofort kam. Am Handschuhfach fanden sie einige Hinweise auf Fingerspuren, die aber kaum auswertbar waren. Auch an der Scheibe konnte er keine Spuren sichern, da diese in lauter kleine Teile zerfallen war. Sie fanden ein paar Glassplitter mit Blutanhaftungen, die sie sicherten. Zugleich nahmen sie einige wenige Glassplitter mit. Beim ein schlagen einer Glasscheibe fliegen kleinste Teile von Splittern auch zurück und haften an der Kleidung des Täters. Es besteht die Möglichkeit bei der Ermittlung des Täters an seiner Kleidung solche Minisplitter zu finden.

Bei den Befragungen im Hotel und in den umliegenden Häusern hatte niemand etwas bemerkt. Das Ehepaar wurde zur Polizei gebeten und es wurde eine Anzeige wegen verbrecherischen Diebstahl nach §§ 177,180,181 StGB gefertigt. Die Ehefrau konnte keine Ergänzungen zu Protokoll geben und bestätigte die Angaben ihres Mannes. Die Kriminalisten Gerd Engelhardt und Peter Schindel fertigten dann den Tatortbefundsbericht, den Spurensicherungsbericht und ein Protokoll über die ergebnislose Rundumermittlung an. In der Zeit danach wurden einschlägig vorbestrafte Personen zu dieser Handlung befragt. Ein Täter wurde dabei nicht festgestellt. Für die Vergleichsarbeit mit den gesicherten Spuren wurden dem Ehepaar auch die Fingerabdrücke genommen.

Am Montag, den 24. Juni teilte um 11.00 Uhr Frau Frigard Schmidt der Polizei mit, sie sei soeben vom Einkaufen nach Hause gekommen und stellte fest, ihre Wohnungstür war zwar zu, aber nicht mehr abgeschlossen. Sie gab an um 06.30 Uhr die Wohnung verlassen und zugeschlossen zu haben, sie sei um 10.45 Uhr nach Hause gekommen und festgestellt, die Tür war nicht mehr verschlossen, sondern nur zugedrückt. Oberleutnant Reichel begab sich umgehend zum Ereignisort. Frau Schmidt wartete vor der Wohnungstür. Diese hatte sie geöffnet. In der Tür war ein Buntbartschloss, an dem eine FRIPA-Einbausicherung befestigt war. Er baute das Schloss aus und konnte an dem Schloss nichts ungewöhnliches feststellen. In der Wohnung waren alle Schränke und Behältnisse durchwühlt und der Inhalt lag teilweise auf dem Fußboden. Die Spurensuche verlief ergebnislos, es sah so aus, als wenn der Täter alles säuberlich abgewischt hatte. Die Wohnungsmieterin teilte dann mit, sie vermisse 2500,00 Mark Bargeld, zwölf gr. Zahngold, zwei Sammeltassen, und ein Bild von ihr, welches an der Wand hing. Man konnte an der Tapete noch die Umrisse des Bildes erkennen und es war 30 x 20 cm groß. Auch auf dem Fußboden konnte er keine Spuren erkennen. Frau Schmidt wurde für 15.00 Uhr zur Kriminalpolizei zwecks Anzeigenaufnahme bestellt, was da erfolgt ist. Die Anzeige wurde wegen Diebstahl persönlichen Eigentums gemäß §§ 177,180 StGB aufgenommen. Danach fertigte Herr Reichel die dazu notwendigen Unterlagen. Von der Geschädigten wurden die Fingerspuren für Spurenvergleiche genommen.

Über diese Diebstahlshandlung wurden die Polizisten des Amtes informiert und vor allem ihnen das Vorgehen des Täters erläutert. Während dieser Zeit, wurden auch andere strafbare Handlungen zur Anzeige gebracht, die bearbeitet werden mussten. Trotzdem hat man auf die Einbrüche das Hauptaugenmerk gelegt. Es wurden viele Bürger überprüft und befragt, ob sie Feststellungen irgendwelcher Art getroffen hatten. Sie hatten alle nichts mitbekommen, aber sie sprachen schon davon: „Hoffentlich ist bald wieder Ruhe mit den Einbrüchen“. Doch leider nicht.

Wieder an einem Montag, den 08. Juli 1985 stellte die Inhaberin einer Neubauwohnung, Frau Klara Krost gegen 16.40 Uhr fest, dass jemand in ihrer Wohnung war. Sie war früh um 08.10 Uhr aus der Wohnung zur Arbeit gegangen. Sie hatte die Wohnungstür ordentlich zweimal zugeschlossen und war fort gegangen. Sie verständigte umgehend die Polizei und teilte mit, sie wohne in der Straße unter den Gärten 10. Die Kriminalisten Hertel und Bachfeldt fuhren sofort dahin. Frau Krost erwartete sie vor ihrer Wohnung. Sie teilte ihnen mit, sie habe einen Zweitschlüssel in einem Blumentopf im Flur oben auf dem Fenstersims hinterlegt. Der Schlüssel ist nicht mehr da. Den Schlüssel konnte eigentlich niemand sehen, da sie diesen richtig in die Erde hineingedrückt hatte. Die Kriminalisten schauten selbst auch noch einmal nach. Es war wirklich kein Schlüssel im Blumentopf. Sie schilderte dann den Polizisten, sie sei nach Hause gekommen, habe ihre Wohnungstür aufgeschlossen wie immer und sofort die Unordnung in der Wohnung gesehen. Sie habe sofort wieder die Tür zugedrückt und die Polizei angerufen. Ein Mitbewohner im Haus hat ein Telefon. Er hat durch den Anruf von dem Einbruch erfahren. Somit hat der Täter den Schlüssel im Blumentopf gefunden, ist damit in die Wohnung gekommen, und hier die Unordnung hinterlassen. Ob er etwas gestohlen hatte, konnte sie noch nicht sagen. Sie habe noch nicht nachgeschaut. Der Leutnant Hertel schaute sich die Tür an und stellte fest, in dem Einsteckschloss war eine FRIPA Einbausicherung drin. Diese ist vermutlich schon längere Zeit eingebaut. Er fand im Schloss nichts Auffälliges und suchte danach an der Tür nach Spuren. Er fand tatsächlich einige Fragmente von Fingerspuren. Während Oberleutnant Bachfeldt mit den Rundumermittlungen im Haus und in den Nachbarhäusern begann. Das heißt, er suchte alle Hausbewohner auf und fragte, ob sie im Zusammenhang mit diesem Einbruch etwas bemerkt hatten. Die meistens Hausbewohner waren in dieser Zeit auf Arbeit. Nur das ältere Ehepaar Fricke war zu Hause. Beide sind schwerhörig und hatten nichts mitbekommen. Leutnant Hertel betrat dann die Wohnung und hat zuerst wieder eine Übersichtsaufnahme getätigt. In der Wohnung waren auch alle Behältnisse und Türen auf und der Inhalt lag zum größten Teil auf dem Fußboden. Er konnte im Korridor einen Schuhabdruck sichern und an den Schränken und Behältnissen einige Teile von Fingerspuren. Frau Krost durfte dann nachsehen, ob etwas gestohlen wurde. Es fehlte ihr Ehering, drei Schmuckringe, der Schlüssel zu ihrem PKW, der in der Garage stand und der Ersatzschlüssel, den der Täter mitgenommen hat. Den Schaden schätzte sie auf rund 500,00 Mark. Am Nächsten Tag nahm sie einen Tag Urlaub und ließ sich ein neues Zylinderschloss in die Wohnungstür einbauen. Sie musste am nächsten Tag zur Polizei kommen, da es erforderlich war, ihre Fingerabdrücke für die Vergleichsarbeit abzugeben. Die erforderlichen Protokolle wurden gefertigt.

Genau drei Wochen später, am Montag, den 29. Juli 1985 stellte Frau Dora Gold, wohnhaft in der Straße unter den Gärten Nr.: 32 um 11.45 Uhr fest, in ihrer Wohnung waren Personen ohne ihr Wissen und haben eine riesige Unordnung gemacht. Sie schaute nicht weiter nach und verständigte die Polizei. Die Kriminalisten Oberleutnant Schindel und Leutnant Hertel begaben sich umgehend zu diesem neuen Ereignisort. Frau Gold erwartete sie vor dem Wohnhaus und führte sie zugleich zu ihrer Wohnung. Dabei schilderte sie, dass sie heute Morgen um 07.15 Uhr die Wohnung verlassen habe, da sie als Halbtagskraft im Konsum hier in der Stadt arbeite. Dabei habe sie das Schloss in der Wohnungstür zweimal zugeschlossen und zeigte dabei ihren Wohnungsschlüssel vor. Der an einem Schlüsselbund mit mehreren anderen Schlüsseln hing. Die Kriminalisten sahen sofort, es war ein Schlüssel zu einem FRIPA Einbauschloss. Als sie gegen 11.45 Uhr zu Hause war, steckte sie den Schlüssel ins Schloss und die Tür ging gleich beim ersten Mal auf. Das bedeutete, jemand muss in ihrer Abwesenheit in der Wohnung gewesen sein. Sie öffnete den Kriminalisten die Tür und sie sahen selbst die Unordnung. Schubfächer und Türen standen offen, der Inhalt herausgerissen und lag auf dem Fußboden. In dieser Wohnung konnten sie neun Schuhabdrücke vorfinden und einige Fingerspuren. Das deutete darauf hin, es waren mehrere Täter, die überall ihre Spuren hinterlassen hatten. Es stellte sich heraus, es fehlten sieben goldene Ringe, zwei Beinringe, drei Armreifen, zwanzig Rubelstücke und ein silbernes Armband. Den Gesamtschaden bezifferte sie auf 7500,00

Mark. Die beiden Kriminalisten empfahlen ihr, sie sollte sich ein anderes Türschloss einbauen lassen. Sie wurde auch ins Amt gebeten zur Anfertigung von Vergleichsspuren.

Fast zur gleichen Zeit war Herr Thomas Grosch um 12.15 Uhr nach Hause gekommen. Er wohnte in der Straße unter den Gärten 33. Er schloss seine Wohnung normal einmal auf und als er die Tür offen hatte, erkannte er sofort den Zustand darin. Hier waren andere fremde Menschen irgendwie in seine Wohnung gekommen und hatten eine riesige Unordnung hinterlassen. Das teilte er umgehend der Polizei mit. Die Herren Engelhardt und Bachfeldt fuhren sofort zu diesem neuen Tatort. Auch hier wurden sie bereits von Herrn Grosch erwartet. Beiden sagte er, er sei heute Morgen um 09.15 Uhr aus der Wohnung, diese zweimal verschlossen und war einkaufen gegangen. Da er allein lebt, hatte er noch in einer Gaststätte zu Mittag gegessen. So war er um 12.15 Uhr zu Hause und hat sich schon gewundert, die Wohnung war nur einmal zugeschlossen. Bei der Spurensuche fanden die Polizisten drei unterschiedliche Schuhabdrücke von Sportschuhen. Fingerabdrücke fanden sie nicht, die Schränke und Schubfächer waren vermutlich abgewischt worden. Herr Grosch teilte dann mit, es würden ein Paar Grandel Ohrringe, ein Grandel Ring und ein goldenes Collier fehlen, den Wert schätzte er auf ca. 700,00 Mark. Übrigens, in dem Türschloss war ebenfalls eine FRIPA Einbausicherung und er möchte sich ein anderes Schloss einbauen lassen. Denn das vorhandene bot keine Sicherheit mehr.

Genau an diesem Montag, am 29.Juli 1985 zeigte Herr Arno Hartmann einen Diebstahl aus seiner Wohnung in der Straße unter den Gärten 31 an. Er ist morgens um 07.30 Uhr aus der Wohnung, diese ordentlich zweimal zugeschlossen und auf Arbeit gegangen. Er kam genau um 17.00 Uhr nach Hause. Die Tür war nicht verschlossen, sondern nur zugedrückt. Er hat außen keine Klinke an der Tür nur einen nicht drehbaren Knauf. Als er die Tür öffnete, sah er sofort die große

Unordnung von der Tür aus und benachrichtigte umgehend die Polizei. Die beiden Oberleutnants Schindel und Reichel fuhren umgehend dorthin und begannen mit ihrer Arbeit. Oberleutnant Reichel schaute sich genau die Tür an und merkte, auch hier ist eine FRIPA Einbausicherung drin. Er fragte Herrn Hartmann, ob er auch irgendwo einen Zweitschlüssel hinterlegt habe und wie lange diese FRIPA Sicherung schon im Schloss drin wäre. Er habe keinen Zweitschlüssel hinterlegt. Er wohnt jetzt 5 Jahre hier und als er einzog war das Schloss so und habe drei Schlüssel vom Vermieter erhalten. Alle drei Schlüssel konnte er vorweisen. Herr Reichel fertigte Fotos von der Tür und von der Wohnung an. Auch hier fand er an der Tür und an den Schränken Teilspuren von Fingerabdrücken. Frau Hartmann hatte Spätschicht und war nicht anwesend. Er sollte dann nachschauen, was fehlen könnte. Dazu sollte seine Frau befragt werden, die das besser wüsste. Daher wurde das Ehepaar für den nächsten Morgen auf das Amt bestellt, zwecks Anzeige und Zeugenvernehmung. Beiden wurden die Fingerabdrücke für den Spurenvergleich abgenommen. Die Frau Hartmann gab dann zu Protokoll, was alles fehlte in der Wohnung. Es waren drei goldene Ringe, eine goldene Halskette, ein Scheckheft mit vier Vordrucken und die im Korridor hängenden Schlüssel für die Wohnung und Nebengelasse. Da in die Tür ein neues Schloss eingebaut werden musste, bezifferten sie den Gesamtschaden auf ca. 2000,00 Mark. Herr Schindel war in die Nachbarhäuser gegangen, um die Anwohner zu Feststellungen zu befragen. Auch hier kamen keine Hinweise. Die meisten waren während der Tatzeit außer Haus.

Bei der gebildeten Sonderkommission war man sich sicher, es könne sich hier um ein oder zwei Täter handeln, die abwechselnd oder miteinander tätig sind. Die gesicherten Spuren, auch der Glassplitter mit dem Blut, wurden zur Auswertung eingeschickt in das Kriminalistische Institut. Es wurde darum gebeten, falls die Spuren auswertbar sind, diese mit vorhandenen Täterspuren zu vergleichen. Es war auch allen bewusst geworden, der oder die Täter öffneten die Türen mit mitgeführten FRIPA Sicherheitsschlüsseln. Man erfuhr bei den Schlüsseldiensten, dass solche FRIPA Sicherungen mit zunehmendem Alter sich stark abnutzen und ähnliche Schlüssel verwendet werden können. Diese Information wollte man nicht an die Presse geben. Es war anzunehmen, viele Einwohner, die Buntbarteinsteckschlösser in ihren Wohnungstüren haben, hatten sich solche FRIPA Einbausicherungen angebaut oder einbauen lassen. Man befürchtete, gäbe man diese Information weiter, würde eine panikähnliche Unruhe bei den Bürgern ausbrechen. So wurden nur die einzelnen Dienstzweige informiert und noch einmal daraufhin belehrt. Sie sollten bei ihren Streifen -oder Dienstgängen verstärkt darauf achten, ob Personen, die in den Wohngebieten fremd sind, sich dort bewegen oder sich an den Eingängen der Häuser betätigen. Natürlich hat man auch an den Hauseingängen bemerkt, dass diese mit Fremdwerkzeugen geöffnet wurden. Insgesamt stellte man fest, in den Neubauten der 70er Jahre wohnten überwiegend jüngere Menschen, von den die meisten täglich zur Arbeit gingen oder im Schichtdienst tätig waren. Die Häuser hatten alle drei Etagen und waren so mit acht Familien bewohnt.

Genau an diesem Montag haben der oder die Täter in denselben Neubau, wo auch die Hartmanns wohnen, in die Wohnung der Frau Jutta Bergmann zwischen 10.30 und 17.15 Uhr eingebrochen. Die Wohnungstür wurde auch mit einem Nachschlüssel geöffnet und große Unordnung hinterlassen. Die Wohnungstür, in der eine FRIPA Einbausicherung war, hatte sich ganz leicht um 17.15 Uhr, als sie von der Arbeit nach Hause kam, schließen lassen. Beide Kriminalisten sind von Hartmanns gleich zur Frau Bergmann, die Hartmanns gegenüber wohnte. Sie nahmen sofort die Tatortarbeit auf. An der Tür und an den Schränken und Schubfächern, die offen standen, wurden Fingerspuren gesichert. Ihr wurde mitgeteilt, man brauche von ihr auch diese zum Vergleich und sie wurde für den nächsten Tag zur Kriminalpolizei bestellt. Frau Bergmann teilte mit, bei ihr fehlen zwei goldene Ringe und ein Scheckheft mit sieben Vordrucken, sie schätzte den Schaden auf zusammen 700,00 Mark, mit den Kosten für ein neues Türschloss. Gefunden wurde auch ein Schuhabdruck und Teile von Fingerspuren.

Alle gefundenen Spuren wurden in das kriminalistische Institut in die Bezirkshauptstadt zur Auswertung gesandt. Es wurde darum gebeten, falls diese auswertbar sind, sie mit einliegenden Fingerabdrücken von bekannten Tätern zu vergleichen. Die Schuhabdruckspuren waren von unterschiedlichen Sohlenprofile. Das war auch bei den Daktyloskopischen Spuren der Fall, sie deuteten auf mehrere Täter. Das heißt, man hat Schuhabdrücke vorgefunden, die von mehreren Tätern sind oder der oder die Täter öfter andere Schuhe bei den Tatausführungen tragen. Mit den Mustern der Abdrücke gingen die Kriminalisten in die Schuhgeschäfte und verglichen diese mit den zum Verkauf stehenden Sportschuhen. Es stellte sich heraus, der Hersteller aller dieser Schuhe war der VEB (Volkseigener Betrieb) ZEHA in Berlin.

Erneut schlugen die Täter zu. Und es war wieder ein Montag. Diesmal am 28.Oktober 1985 und gleich wieder in der Zeit zwischen 05.00 – 16.00 Uhr. In welcher der Beiden Wohnungen die oder der Täter zuerst waren, konnte nicht festgestellt werden. Bei der Frau Rita Volker in der Heinrich-Heinze-Straße Nr. 31 zwischen 05.00 Uhr und 16.30 Uhr. Bei der Frau Inge Siedler zwischen 05.00 Uhr und 13.00 Uhr. Man konnte davon ausgehen, die Täter waren vormittags In die Wohnungen eingedrungen. In beiden Fällen hatten die Geschädigten um 05.00 Uhr die Wohnung verlassen und diese zweimal zugeschlossen. Beide waren auch nachweislich auf ihren Arbeitsstellen. Frau Siedler arbeitete nur bis 12.30 Uhr und ging anschließend einkaufen. Als sie gegen 13.00 Uhr ihre Wohnungstür aufschließen wollte, war diese nur zugedrückt, nicht verschlossen. Nachdem die Polizei eintraf, begannen diese sofort mit der Spurensuche. Im Schloss war wieder eine FRIPA Einbausicherung und die war vor länger Zeit eingebaut worden. Es wurden Fingerabdrücke von drei unterschiedlichen Tätern gefunden. Bei ihr wurde entwendet: verschiedener Goldschmuck (Ketten und Ringe), eine silberne Halskette, zwei goldene Zahnkronen, eine Quarzuhr, ein Taschenrechner und mehrere Münzen unterschiedlicher Länder.

Frau Rita Volker wohnte im Nachbarhaus Nr. 30. Sie kam von ihrer Schicht gegen 16.30 Uhr nach Hause und fand ihre Wohnungstür nur zugedrückt vor. Genau wie in allen anderen vorausgegangenen Einbrüchen war in der Wohnung alles durchwühlt worden. Die herbei gerufenen Kriminalisten Oberleutnant Schindel und Leutnant Hertel fanden in der Wohnung zwei Schuhspuren. Jeweils ein anderer Schuhsohlenabdruck. Auf dem Bett in der Schlafstube lag eine gewaltsam geöffnete Geldkassette. Nach ihren Angaben waren darin 2200,00 Mark, die nicht mehr da waren. Wie in den anderen Fällen war in der Wohnungstür ein solches FRIPA Schloss. Natürlich hatte man wieder von den Geschädigten Vergleichsfingerabdrücke abgenommen. Die gesicherten Schuhsohlenabdrücke sahen hier ebenfalls augenscheinlich solchen ZEHA Sportschuhen ähnlich. Der Rat an die Wohnungsbesitzer war, sich umgehend ein anderes Schloss einbauen zu lassen. Die Täter merken sich ganz bestimmt, wo ihre mitgeführten Nachschlüssel ihnen Zugang verschafft hatten. Die Sonderkommission ergänzte ihre bisherigen Feststellungen, fertigten die Anzeigen und führten Zeugenvernehmungen mit Hausbewohnern und Familienmitgliedern durch. Die operativen Kräfte der Schutz- und Verkehrspolizei wurden nochmals eingewiesen, vor allem auch die Abschnittsbevollmächtigten und die Feuerwehr. Das alles führte nicht zur Feststellung der Täter.

An einem Donnerstag, den 31.10.1985 schlugen die Täter wieder in zwei Nachbarhäusern in dem Margaretenweg Nr. 24 und 26 zu. In der Nr. 24 wohnte Frank Neuhaus als Betroffener. Er hatte morgens um 07.00 Uhr die Wohnung verlassen und diese auch zweimal verschlossen. Er kam zum Mittag gegen 12.00 Uhr nach Hause und stellte schon an der Tür fest, hier war etwas nicht in Ordnung. Die Tür war nicht verschlossen, sondern nur zugedrückt. Im Innern der Wohnung sah er, alles war durchwühlt und er Informierte sofort die Polizei. Die Herren Reichel und Bachfeldt kamen und nachdem sie von ihm erfahren hatten, was er vorgefunden hatte, begannen sie mit der Spurensuche und fanden zehn Fingerabdrücke und vier Schuhsohlenabdrücke. Alle unterschiedlich. Das bedeutete für Beide, es waren mindestens vier Täter in dieser Wohnung. Gestohlen wurden 695,00 Mark Bar mit einer Geldkassette, 2 goldene Eheringe, eine Perlenkette, ein Collier, vier Manschettenknöpfe, 1 Scheckheft. Geschätzter Schaden 2500,00 Mark. Die Befragung der Hausbewohner erbrachte keine Hinweise.

Frau Anne Wachmann wohnte im 2. Stock des Nachbarhauses Nr. 26. Sie war morgens um 08.15 aus der Wohnung gegangen, um einzukaufen. Sie wusste ganz genau noch, sie hatte ihre Wohnung zweimal zugeschlossen. Als sie um 10.30 nach Hause kam, war die Tür nur zugedrückt, nicht mehr verschlossen. Sie sah sofort die große Unordnung in der Wohnung und rief den Nachbarn, der ein Telefon hatte. Sie bat ihn, er möchte die Polizei anrufen und mitteilen, man habe bei ihr eingebrochen. Bei ihr erschienen dann Herr Schindel und Herr Hertel von der Kriminalpolizei. Sie erzählte Beiden ihre bisherigen Feststellungen. Sie bauten das Einsteckschloss aus und erkannten, die FRIPA Sicherung war beschädigt. In der Wohnung fanden sie 8 Fingerabdrücke und 2 Sohlenabdrücke von Sportschuhen. Die wurden gesichert und mitgenommen. Frau Wachmann meldete dann, ihr fehle eine goldene Kette und ein paar goldene Ohrringe, der Zweitwohnungsschlüssel, der im Korridor am Schlüsselbrett hing, sei auch weg. Der Schaden bei ihr betrug 600,00 Mark. Im Haus hatte niemand etwas von diesem Wohnungsdiebstahl mitbekommen.

Trotz großer Anstrengungen kam kein einziger konkreter Hinweis von den anderen Dienstzweigen. Das kriminalistische Institut teilte mit, bei der Auswertung der gesicherten Fingerabdrücke gibt es ganze große Ähnlichkeiten mit bereits zwei vorbestraften Personen aus einem Nachbarkreis. Leider können diese nicht als Beweis dienen, da ganz einfach einige Kriterien bei den gesicherten Fingerspuren fehlen würden. Bei der gesicherten Blutspur auf der Glasscheibe handele es sich um Blut der Blutgruppe B.

Die Sonderkommission fasste alle diese Delikte zusammen und kamen zu dem Schluss, die meisten Handlungen wurden an einem Montag begangen. Es ist davon auszugehen, die Wohnungen wurden von den Tätern in den Vormittagsstunden heimgesucht. Genau zu diesen Zeiten waren die meisten Hausbewohner ebenfalls außer Haus. Alle Tatorte hatten in den Wohnungseingangstüren eine FRIPA Einbausicherung, die oft schon sehr lange darin waren und deren Sicherungsstifte so stark abgenutzt waren, dass ähnliche Schlüssel diese aufschließen konnten. Zugleich ging man davon aus, die Täter müssen sehr viele derartige Schlüssel mitgeführt bzw. mitführen. Auf Grund der Hinweise des kriminalistischen Institutes wurden die Beiden in Fragekommenden Personen verstärkt überwacht. Vor allem zu ihrem Umgang und welcher Tätigkeit sie nachgehen und wie ihre finanzielle Situation ist.

Der Leiter des Polizeiamtes verlangte von den Mitgliedern der Sonderkommission jetzt schnelle Aufklärung der Fälle. Es wäre für die Bürger der Stadt unzumutbar, mit solchen schweren Straftaten zu leben und ständig damit zu rechnen, bald sind sie dran.

Durch die Überprüfung der beiden Vorbestraften, die seit über 1 Jahr wieder in Freiheit waren, konnte ihr Umgang bekannt werden. Es waren fünf Männer im Alter zwischen 21 und 26 Jahren, die immer wieder zusammen gesehen wurden. Dabei stellte sich auch heraus, sie trugen alle Sportschuhe der Marke ZEHA. An einem Montag ab 05.00 Uhr wurden ihre Wohnungen durch je 4 Angehörige der Polizei überwacht und genau 06.00 Uhr die Wohnungen geöffnet und diese fünf Personen vorläufig Festgenommen. Hierbei handelte es sich um den Bernd Ackermann und dem Lothar Gabriel, sie waren hier aus der Stadt. Der Manfred Daniel, der Rolf Weiß und der Michael Langhammer waren aus dem Nachbar Kreis. Sie bestritten anfänglich alle ihnen vorgehaltenen Straftaten. Der älteste von ihnen, nicht vorbestraft, war der erste, der einige dieser Straftaten zugab. Die Hausdurchsuchungen ergaben das Wiederauffinden von großen Teilen des Diebesgutes. Verschiedene Gegenstände hatten sie verkauft und das Geld unter Sich aufgeteilt. Die gesicherte Blutgruppe konnte dem Lothar Gabriel zugeordnet werden, er gab diese Handlung auch zu. Das Geld hatte er an die anderen verteilt und es war ausgegeben worden. Unter der Last der Beweise gaben auch alle anderen diese Straftaten zu. Das Gute dabei war, im Gerichtsverfahren wurde durch das Gericht zugleich über den Schadenersatz entschieden. Alle 5 Täter wurden ab 2 Jahre bis zu 6 Jahren Freiheitsstrafe verurteilt und zur Wiedergutmachung des Schadens als Gesamtschuldner.

Tod in der Badewanne

Hinweis: Eine wahre Begebenheit, Namen und Zeitangaben sind frei erfunden-nacherzählt.

Im Jahr 1949 begann Gerhard Bretan seinen Dienst bei der Volkspolizei. Zu dieser Zeit war er gerade 19 Jahre alt geworden und war Abgänger der 8. Klasse der Volksschule. Diese hatte er in der Kreisstadt besucht. Von anfang an war er von dem Dienst bei der Polizei begeistert und war sehr diensteifrig. Schnell erreichte er in relativ kurzer Zeit den Dienstgrad – Oberwachtmeister-. Mit 21 Jahren lernte er die Gudrun Bachkurz 1942 kennen, die er noch im gleichen Jahr standesamtlich heiratete. Er trat aus der katholischen Kirche aus und in die Partei – SED – (Sozialistische Einheitspartei Deutschlands) ein. Sie bekamen zusammen eine Drei Raumwohnung mit Bad und Toilette sowie große Küche. Wenn sie Baden wollten, mussten sie vorher erst den Badeofen anheizen, damit wurde das Wasser zum Baden heiß gemacht.

Wegen seiner Begeisterungsfähigkeit für den Dienst, aber vor allem für die kriminalistische Arbeit wurde er 1954 zur Kriminalpolizei versetzt. In dieser Zeit war er bereits Polizei-Meister und durfte sich dann Meister der Kriminalpolizei nennen. Kurz danach wurde er auf die Offiziersschule nach Arlensberg kommandiert. Nach einem Jahr kam er als Unterleutnant der Kriminalpolizei wieder. Als Ermittler für unbekannte Straftaten wurde er in das Kommissariat III integriert. Seine Frau Gudrun arbeitete als Chefsekretärin dem VEB (Volkseigener Betrieb) Rotor als Chefsekretärin. Bei seiner Tätigkeit war er täglich sehr viel unterwegs, er sollte ja zu den angezeigten unbekannten Straftaten die Täter ermitteln. So kam er mit vielen Personen in Kontakt. Hier hatte er in einem Wohnhaus die Bewohner zu einem Wohnungsdiebstahl zu befragen. Dabei lernte er die 21jährige Ingelore Kallert kennen. Sie ging keiner Arbeit nach, da sie ihren Vater, der im Krieg beide Beine verloren hatte und schwer Herzkrank war, betreute und pflegte. Sie wurden sehr schnell ein Pärchen und er nutzte seine täglichen Ermittlungen dazu aus, immer mal eine Pause bei ihr einzulegen. Trotz dieser Zwischenstopps, hatte er große Erfolge in seiner Tätigkeit. So wurde er bereits 1956 zum Leutnant befördert. Seine Kollegen wurden neidisch auf ihn, weil er oft von ihrem Chef ihnen als Vorbild hingestellt wurde. Deshalb wurden sie ihm gegenüber etwas misstrauisch und beäugten ihn argwöhnisch. Er war kaum noch in seinem Büro und teilte auch seinen Kollegen nicht mehr mit, zu welchem Fall er ermitteln würde. Seine großen Aufklärungsergebnisse ließen auch nach und nach ab.

Mitte des Jahres 1957teilte Ingelore Kallert ihm mit, sie erwarte ein Kind von ihm. Sofort versprach er ihr, da er sie sehr liebe würde er alles tun, um sie zu heiraten. Um das wahrzumachen, sollte sie aber etwa 1 Jahr noch warten. Seiner Ehefrau sagte er von diesem außerehelichen Verhältnis nichts, auch nicht, dass er bald Vater würde. Ihre Ehe war bisher kinderlos. Sie liebte ihn über alles und er tat ihr gegenüber, als wenn es bei ihm auch so wäre.

Da seine Aufklärungsergebnisse nachließen, stichelten die Kollegen erst recht. Aber sie wussten selbst, es war gar nicht so einfach immer eine gute Aufklärungsquote zu erreichen. Er benutzte seine Dienstzeit immer stärker, die Freundin zu besuchen. Seine Kollegen sagte er nichts von seinem Geheimnis. Er wusste, als Parteimitglied und Polizist ist er verpflichtet ein sauberes und anständiges Leben zu führen. Er musste seinen Mund halten, es hätte für ihn alles zu Ende sein können, wenn das rauskommt. Mit zunehmender Zeit erkaltete seine Liebe zur Ehefrau immer stärker. Sie begann darunter zu leiden. Mitte des Jahres 1958 bekam die Freundin ihr Kind, es war ein Junge und sie gab ihm den Vornamen seines Vaters -Gerhard-. Ab jetzt drängelte sie noch mehr. Sie wollte von ihm geheiratet werden, so würde er dann für immer bei ihr sein. Sie drängte auf die Scheidung, was er ihr auch versprach. Er wusste nicht, wie er das bewerkstelligen sollte. Er konnte niemanden anvertrauen, dass er außerehelich ein Kind habe und sich von seiner Frau scheiden lassen möchte. Aber der Mutter seines Kindes getraute er sich nicht seine Probleme zu erzählen. Deshalb vertröstete er sie von einmal auf das andere. Der Junge war noch nicht ganz ein Jahr alt, da drohte sie ihm, seiner Ehefrau und seinem Vorgesetzten alles zu erzählen. Er bettelte sie richtig an, niemanden etwas davon zu erzählen. Ihm würde bestimmt etwas einfallen und dann würden sie die Ehe eingehen. Auch der Vater machte ihr Vorwürfe, dass sie sich mit einem verheirateten Mann eingelassen hatte.

Genau drei Wochen später erkrankte seine Frau Gudrun an einer Grippe und wurde arbeitsunfähig geschrieben. Da sie von nun an während der Krankheit zu Hause war, kam er jeden Mittag zum Essen nach Hause. Hierbei gab er ihr den Rat, sie könnte möglicherweise schneller gesunden, wenn sie öfter ein heißes Bad nehmen würde. Da ihr die Arbeit als Chefsekretärin so gut gefällt, wäre es prima für sie, etwas eher gesund zu werden und auf Arbeit gehen zu können. Diese Idee gefiel ihr. Wenn er mittags nach Hause kam, lag sie in der Badewanne. Am dritten Tag, als er mittags wieder nach Hause kam, war sie auch wieder in der Badewanne. Er ging zu ihr und stellte sich zu ihren Füßen und redete über seine Arbeit zu ihr. Urplötzlich ergriff er die Fesseln an ihren Beinen und zerrte sie so, dass sie dabei mit dem Kopf unter Wasser kam. Sie schlug wild mit den Armen um sich und suchte halt, was ihr nicht gelang. Durch den plötzlichen Ruck schluckte sie auch gleich eine Menge Wasser und atmete es auch ein. Es dauerte dann auch nicht lange und sie reagierte nicht mehr. Er hatte sie auch nicht losgelassen. Er ließ die Frau in der Wanne liegen, hatte aber ihre Beine wieder zurück ins Wasser geschoben. Er zog sich an und ohne abzuschließen verließ er die Wohnung. Es sollte auch so aussehen, andere Menschen hätten ja in die Wohnung gehen können. Auf der Dienststelle ließ er nebenbei fallen, seine Frau sei krankgeschrieben, es habe sie ganz schwer erwischt und er hat große Angst um sie. Um 17.00 Uhr machte er Feierabend und ging nach Hause. Kurz danach rief er den Leiter der Kriminalpolizei an und teilte mit, seine Frau liege in der Badewanne und rühre sich nicht mehr. Er äußerte dabei, sie könne Selbstmord begangen haben. Der Kripochef rief seinen Leiter des Kommissariats III an und Beide fuhren zusammen zu Bretan in die Wohnung. Hier war bereits der Hausarzt anwesend, der den Tot festgestellt hat. Ihm war aber die Sache nicht ganz klar. Er kannte die Frau und sie war immer heiter und fidel. Sie fanden die Frau in der Wanne liegend mit dem Kopf unter Wasser. Die Beine waren leicht angewinkelt, sodass sie mit dem Körper vollständig in der Wanne war. In der Wohnung war kein Abschiedsbrief vorhanden. Dem Leiter der K war bekannt, wenn im Zusammenhang mit einem Polizisten in dessen Familie ein ungeklärter Todesfall eintritt ist sofort die Mordkommission zu verständigen. In der Wohnung wurde nichts mehr verändert. Die Mordkommission war innerhalb der nächsten Stunde da und übernahmen den Fall. Sie konnten nichts Verdächtiges feststellen, forderten aber einen Gerichtsmediziner an. Ihm kam die gesamte Situation etwas seltsam vor veranlasste, die Leiche der Frau sollte sofort in die Gerichtsmedizin zur Untersuchung gebracht werden. Nach drei Tagen erschienen die Mitarbeiter der MUK und verhafteten den Bretan wegen dringenden Tatverdacht, seine Frau ermordet zu haben. Bei der gerichtsmedizinischen Untersuchung konnten im Bereich der Fesseln eindeutig Spuren von Händen festgestellt werden. Außerdem hatte sie viel WASSER im Magen und in der Lunge, was bei Selbsttötungen in dieser Menge im Magen nicht vorkommt.

Bretan wurde in Unehren aus der Polizei entlassen und die Mitgliedschaft in der SED wurde sofort beendet. Er wurde in die Untersuchungshaftanstalt überführt. Bei den Vernehmungen gab er auf alle Fragen keine Auskunft. In seiner Wohnung konnten keine Hinweise gefunden werden, das andere Personen zur möglichen Tatzeit dort waren. Es konnte ja bei der Untersuchung der Leiche festgestellt werden, der Tod sei zwischen 12.00 – und 13.00 Uhr eingetreten. Genau zu dieser Zeit war er in der gemeinsamen Wohnung, das bestätigten auch andere Mitbewohner. Ihm konnte sogar nachgewiesen werden, nur seine Hände waren es, die genau zu der Spur an beiden Fesseln ihrer Beine passte. Unter der Last der Beweise, gab er nach zwei Wochen nach und legte ein umfangreiches Geständnis ab. Vor allem seine Freundin meldete sich noch und gab alles zu Protokoll, was zwischen ihnen gesprochen und getan wurde. Das eingeleitete Ermittlungsverfahren wegen dem Mord an seiner Ehefrau wurde an den Staatsanwalt übergeben, der beim Bezirksgericht die Eröffnung der Gerichtsverhandlung beantragte. Hier in diesem Gerichtsverfahren legte Bretan ein umfassendes Geständnis ab. Er wurde zu einer lebenslänglichen Freiheitsstrafe verurteilt.

Der sexuelle Missbrauch einer Sau

In den Jahren 1956 bis 1959 warb die Partei (SED) und die staatlichen Organe sehr stark unter den Einzelbauern in der DDR für die Bildung von Landwirtschaftlichen Produktionsgenossenschaften (LPG). Dabei wurde auch ein gewisser Druck auf sie ausgeübt. Viele Bauern haben zu dieser Zeit die DDR illegal verlassen, weil sie sich diesem Druck nicht beugen wollten. Dabei sollten die damaligen sowjetischen Kolchosen das Vorbild solcher LPG's sein. So hat man Zugeständnisse von staatlicher Seite getan und es wurden verschiedene Stufen – Typ I bis Typ III – zugelassen. Man war der Meinung, die zusammengelegten Höfe könnten durch die Nutzung großer landwirtschaftlicher Maschinen und Geräte auch größere Flächen bearbeitet und so mehr landwirtschaftliche Produkte erzeugt werden. Das sah die Bevölkerung, speziell die Bauern, nicht so.

Etwa ab 1959 gab es dann die ersten LPG's des Typ I. Hier wurden die Felder zusammengelegt und gemeinschaftlich bearbeitet. Im Laufe der Jahre gab es immer mehr solcher landwirtschaftlichen Betriebe. Außer der Feldwirtschaft, bildeten sich speziell auch die Viehzucht, hier wieder Schweine – und Rinderzucht und auch die Milch- und Futterbetriebe.

Irgendwo in einem Schweinezuchtbetrieb stellte ein Brigadier, eine Art Gruppenleiter, fest, dass in seinem Bereich einige Säuen Blut im Bereich ihrer Geschlechtsteile hatten. Er informierte den zuständigen Tierarzt, der sich das anschaute, aber keine Besonderheiten weiter feststellen konnte. So schob man das auf den Umgang der Tiere untereinander. Es war ja bekannt, die Tiere bissen sich untereinander. Weil es immer wieder vorkam, entnahm er von einem weiblichen Schwein eine Probe aus dem Geschlechtskanal. Die Untersuchung ergab, darin befanden sich Spuren menschlichen Spermas. Das wurde den Verantwortlichen des Bereiches Schweinezucht mitgeteilt. Diese gaben dem Brigadier die Aufgabe, etwas mehr seine Mitarbeiter im Stall zu beobachten. Bisher hatte es nicht unmittelbar Auswirkungen auf die Tiere gehabt (Krankheiten und so ähnliche Sachen). Diese konnten sich nicht denken, dass so etwas bei ihnen vorkommt und wussten auch nicht, wie sie diese Kontrollen durchführen sollten.

Doch eines Tages hörte der Brigadier in einer Box eine Sau ganz toll quieken. Sie lag in der Box und das quieken waren richtige sehr laute Schmerzensschreie. Hinter dem Schwein sah er einige Teile liegen, die auf dem ersten Blick wie Innereien aussahen. Sie hingen dem armen Tier zum Geschlecht heraus. Der Tierarzt wurde sofort gerufen, der erkannte, es waren Teile der Gebärmutter (Uterus) und des Eierstocks (Ovarien). Diese Teile haben im Innern des Schweines zu liegen und man wurde sich nicht darüber im Klaren, wie diese nach Außerhalb gekommen sind. Es wurde sofort eine Notschlachtung vom Tierarzt angewiesen und die Kriminalpolizei benachrichtigt. Man ging davon aus, da hier liegt das Werk eines Menschen vor, warum und weshalb, konnte man sich nicht vorstellen. Die Kriminalpolizei sicherte den Ereignisort fotografisch. Das getötete Schwein wurde danach in die Tierkörperbeseitigungsanlage verbracht.

Es wurde jetzt festgestellt, wer der zuständige Tierpfleger war. Er hatte Pause und konnte zu Hause sein. Man traf ihn auf dem Sofa liegend an. Bei seiner Kontrolle stellte man fest an den hochgerollten Ärmeln der Arbeitsjacke war Blut zu sehen. Die Jacke wurde umgehend gesichert. Auf die Frage, ob er der zuständige Tierpfleger ist, bejahte er. Er gab auch zu, dass er vor ca einer ¾ Stunde aus dem Stall gekommen sei. Ob er irgendetwas bei den Schweinen festgestellt habe, verneinte er. Er behauptete, es sei alles im Stall in Ordnung gewesen, als er diesen verlassen hatte. Auf die konkrete Frage, ob er mit einer

Sau sexuelle Kontakte hatte, verneinte er wieder. Er wurde vorläufig Festgenommen wegen Schädigung des Tierbestandes und musste seine gesamte Arbeitskleidung abgeben, die er während seiner Arbeit im Stall trug. Der Tierarzt hatte dem toten Schwein Blut abgenommen. Dieses wurde in einer Tierklinik untersucht und mit den Blutanhaftungen an der Arbeitskleidung verglichen. Der Tierpfleger bestritt bei jeder Befragung, etwas mit diesem Tier getan zu haben. Die Untersuchung ergab eindeutig, die Blutanhaftungen an der beschlagnahmten Kleidung des Tierpflegers stimmte mit der Blutgruppe vom Schwein überein.

Erst nach diesem Vorhalt gab der Beschuldigte zu, mit dem Schwein sexuellen Kontakt gehabt zu haben. Er habe sich so sehr daran erregt, sodass er mit dem Arm in den Geschlechtskanal gegriffen hat und was er in die Hand bekommen habe, hatte er herausgezerrt. Schon da fing die Sau fürchterlich zu quieken an und er wäre ganz schnell nach Hause gegangen und habe sich gewaschen. Dabei hatte er die Arbeitskleidung anbehalten. Der Staatsanwalt beantragte bei Gericht die Eröffnung der Hauptverhandlung. In einer geschlossenen Sitzung gab der Angeklagte diese Handlungen zu, auch dass er schon mehrfach mit einigen anderen Sauen sexuelle Handlungen durchgeführt hatte. Wegen seines noch jugendlichen Alters verurteilte ihm das Gericht zu einem Jahr Freiheitsstrafe. Er versprach, dass würde er nie wieder tun.

Der vermeintliche Selbstmord

Die Kriminalpolizei wurde von einem Hausarzt verständigt, er sei zu einer vermeintlichen Selbsttötung gerufen worden. Die Umstände erschienen ihm seltsam und er bittet, die Kriminalpolizei diese Sache zu übernehmen. Sie begaben sich zum Ereignisort und fanden ein ca. 18jährigen in einem durchsichtigen Plastiksack. Der anwesende Arzt hatte schon dessen Tod festgestellt, die Ursache soll Ersticken sein. Der Vater schilderte den Kriminalisten, wie er seinen Sohn fand. Es war Mittagszeit (Sonntag), er wollte den Jungen zum Essen holen. Die Tür zu seinem Zimmer war von Innen verschlossen. Er rief ihn mindestens 5-6mal, aber er antwortete nicht. Danach klopfte er an die Tür, zuerst zögerlich und dann immer lauter. Am Schlüsselloch konnte er erkennen, der Schlüssel steckte von Innen. Somit musste der Sohn in seinem Zimmer sein. Mit einem kräftigen Ruck bekam er die Tür auf. Vor dem Bett des Sohnes stand ein durchsichtiger Plastesack, darin saß der Junge und der Vater erkannte, er hielt die Öffnung innen fest. Er riss ihm die Öffnung aus der Hand, fasste nach ihm, er war noch ganz warm, gab aber kein Lebenszeichen mehr von sich. Deswegen hat er sofort den Hausarzt angerufen, der auch gleichkam. Der Vater erklärte dazu, er habe den Plastesack nach unten gezogen. Aber ansonsten sei es wie beschrieben. Auch den Kriminalisten kam das alles sehr seltsam vor und sie benachrichtigten die Mordkommission. Innerhalb einer Stunde waren diese da. Nachdem ihnen mitgeteilt wurde, was bisher bekannt war, veranlassten sie, die Leiche musste sofort in das Gerichtsmedizinische Institut zur Untersuchung Dorthin wurde die Leiche durch ein Bestattungsunternehmen gebracht. Bereits nach drei Tagen informierte der Gerichtsmediziner, es läge hier keine Selbsttötung vor. Aus der vorgefundenen Situation und den Untersuchungs- Ergebnis wurde eindeutig festgestellt, hier lag ein sexuelles Motiv vor. Es gab im letzten Jahr eine Reihe solcher Todesfälle von jungen Leuten im Alter von 15 – 20 Jahren. Sie kriechen in einen Plastesack, halten die Öffnung von innen zu. Wenn sie kurz vor dem Ersticken sind kommt es zum Samenerguss und sie lassen die Öffnung des Sackes los und bekommen wieder Luft zum Atmen. In manchen Fällen kriegen sie den Sack nicht schnell genug wieder auf.

Dieses Ergebnis wollten die Eltern nicht wahrhaben. Sie fanden aber auch keinen plausiblen Grund, warum sich ihr Sohn das Leben nehmen wollte. Er Hatte so große Pläne für die Zukunft. Man fand auch keinen Abschiedsbrief in der Wohnung bzw. in seinem Zimmer. Der Staatsanwalt gab dann die Leiche frei und der Junge konnte bestattet werden. Zur aufgenommene Anzeige wurde nach § 96 StPO von weiteren Maßnahmen abgesehen, da kein Straftatsverdacht gegeben ist.